방과후
학교가
불안하다

공교육도 사교육도 아닌
교육 사각지대에 내던져진 우리 아이들!

방과후 학교가 불안하다

박효정 지음

사과나무

방과후 학교가 불안하다

초판 1쇄 인쇄 2014년 3월 5일
초판 1쇄 발행 2014년 3월 10일

지은이 박효정
펴낸곳 도서출판 사과나무
펴낸이 권정자
본문 · 표지구성 김미영
등록번호 제11-123(1996.9.30)
주소 경기도 고양시 덕양구 충장로 123번길 26, 301-1208

전화 (031) 978-3436
팩스 (031) 978-2835
이메일 bookpd@hanmail.net

값 13,000원

ISBN 978-89-6726-007-1 03370

* 잘못 만들어진 책은 바꾸어드립니다.
* 저자와의 협의하에 인지 첨부를 생략합니다.

이 도서의 국립중앙도서관 출판시도서목록(CIP)은 서지정보유통지원시스템 홈페이지(http://seoji.nl.go.kr)와 국가자료공동목록시스템(http://www.nl.go.kr/kolisnet)에서 이용하실 수 있습니다.(CIP제어번호: CIP2014004373)

방과후 학교는 아이가 학교에서 집으로 가기 전
오후에 일정 시간 머무는 정거장이자 베이스캠프다.
비록 수업시간에는 성적 때문에 차별받지만
방과후 학교에 가면 배우고 싶은 것을 마음껏 배울 수 있는
베이스캠프 말이다.

CONTENTS

Part Ⅳ
방과후 수업이 꼭 필요한 아이들

| 여는 글 |

방과후 학교, 이대로 괜찮은가?

대학을 졸업하고 아무 곳에도 취직하지 못해 부모님 눈치를 보고 있던 어느 날 선배한테서 전화가 걸려왔다.

"너 놀고 있으면 우리 학원 올래?"

가르치는 일이 나한테 맞는지는커녕, 가르치는 일이 어떤 것인지도 모르고 나는 덜컥 학원 강사가 되었다. 당장 용돈이 필요해서 시작한 일이었다. 돈도 없고 빽도 없고 실력도 없던 내게 유일하게 학원만 관대했다. 나는 그 후로 오랜 시간 학원 강사로 살았다. 긴 학원생활 동안 이를 꽉 깨물며 결심한 게 있다면 '나중에 내 아이를 낳으면 학원은 절대 안 보내리라'는 것이었다. 처음 학원에 올 때는 발랄했던 아이가 학원생활이 길어질수록 무기력해지고, 천진했던 아이가 교사에게 욕하는 아이로 변해가는 것을 학원 안에서 너무나 많이 봐왔기 때문이었다. 아이들을 그렇게 만드는 사람이 나라는 사실에 죄책감도 많이 느꼈다.

학원 강사를 그만두고 다시 교육학 공부를 하면서 아이들에게 자유와 놀이가 얼마나 중요한 것인지 절절하게 깨달았다. 학원에 있던 아이들은 자유와 놀이를 빼앗겼기 때문에 무기력해지고 비뚤어졌던 것이다.

나는 지난 10년간 내 아이를 학원에 안 보내고 부모교육 강의를 하는 것으로 내 신념을 실천하며 살았다. 제발 학원으로 애를 뺑뺑이 돌리지 말라고 부르짖는 책도 여러 권 냈다. 나는 학원이 아이들을 망치는 주범이라고 믿었다. 순진했던 것이다.

아이들이 학원에 가지 않고 학교에서 놀면 밝고 명랑하게 자랄 것이라는 내 믿음은 '방과후 아동지도사' 강의를 하면서 무참히 깨졌다. 수업에 들어온 방과후 강사들이 들려주는 방과후 학교의 실상은 '학교 교실 붕괴'는 명함도 못 내밀 만큼 망가져 있었다. 믿을 수 없었지만 현실이었다. 방과후 학교에 과연 교사와 학생이 있는 건가, 그 안에 교육이 있기나 한 건가, 의심하며 많은 학교 선생님들과 방과후 선생님들을 만났다. 내가 직접 방과후 학교에서 수업을 하면서 현장의 아이들과 학부모들도 만났다. 그들은 내게 어떻게 학교가, 학원이 하는 것과 똑같은 방식으로 아이들을 망가뜨리는지 생생히 들려주었다. 이제 아이들의 적은 학원만이 아니다. 아이가 발랄하고 천진하게 살아남기 위해서는 학원뿐 아니라 학교라는 거대한 적수와도 맞서야 하는 것이다.

'어떻게 사교육을 그대로 흉내내면서 이렇게 공교육을 망가뜨리나!'라며 분노를 터뜨릴 때 한 무리의 아이들을 만났다. 아이들은 방과후 이야기가 나오자 까르르 웃으며 이렇게 말했다.

"빨리 학교가 끝났으면 좋겠어요. 방과후 수업 가려고요. 방과후 시간이 제일 좋아요."

분노와 좌절감으로 널브러져 있던 나는 하마터면 아이들을 붙잡고 울 뻔했다. 방과후 학교를 손꼽아 기다리는 이 천진하고 발랄한 아이들 때문에, 나는 방과후 학교가 '그럼에도 불구하고' 필요하다고 믿게 되었다.

이 보석 같은 아이들을 지켜내기 위해, 학교는 모른 척 외면하고 방과후 강사는 말하지 않으며 우리 아이는 감추는 방과후 학교에 대한 진짜 이야기를 이제 시작하려 한다.

/

PART I

/

왜 방과후 학교에 대해 침묵하는가?

내가 중고등학교를 다니던 1980년대 후반에도 방과후 특기적성 교육은 있었다. 일주일에 한 시간씩 자신이 원하는 특별활동 수업을 할 수 있었던 거다. 생각해보면 지금 방과후 수업과 비슷한 과목도 많았던 것 같다. 중학교 때 내내 뚱뚱했던 나는 살을 빼고 싶어서 고1 특별활동 시간에 테니스반을 신청했다. 테니스반을 신청했던 아이들은 각자 테니스 라켓만 사면 학교 옆에 있던 사설 테니스장에서 일주일에 한 번씩 테니스를 칠 수 있었다.

보통 특활은 맨 마지막 시간에 했기 때문에 테니스반 아이들은 테니스가 끝나면 집에 바로 갈 수 있었는데, 다시 학교로 돌아가지 않아도 된다는 이유로 특활이 끝나도 집에 가지 않고 테니스 선생님이랑 노닥거리며 놀다오곤 했다. 나는 그 시간을 손꼽아 기다렸다. 사춘기 여고생의 눈에 구릿빛 피부의 테니스 선생님이 원빈처럼 보였을 게 분명하지만 그게 이유의 전부는 아니었다. 테니스 공이 벽에 '팡! 팡!' 맞는 소리가 너무 좋았다. 통쾌했다. 하루 종일 교실에 갇혀 있다가 비로소 내가 세상에 존재한다는 걸 알리는 소리 같았다. 물론 그때 그런 생각을 했던 건 아니고 지금 생각해보니 그렇다.

그런데 고2 때는 테니스반에 들지 못했다. 테니스 선생님이 잘생겼다는 소문이 학교에 파다해지면서 경쟁률이 너무 세져서 가위 바위 보에 지고 테니스반에서 떨어졌다. 나는 테니스를 계속하고 싶었지만 한참 공부해야 할 고2가 테니스를 배우겠다고 말할 염치도 없고, 따로 레슨을 시켜줄 만큼 집안 사정이 좋지도 않았다. 이제 다시는 테니스 선생님을 못 본다는 생각에 눈물이 났지만, 점점 더 살이 쪘기 때문에 지척에 두고도 테니스 선생님을 만나러 가지는 못했다.

고2 때는 독서반에 들어갔다. 독서반 선생님은 각자 읽을 책을 한 권씩 가져와서 독서를 하라고 말했다. 처음에는 책을 가지고 오는 아이들이 있었다. 하지만 책을 읽은 뒤 무얼 해야 하는지 알려주지 않았고, 열심히 책을 읽으면 어떤 좋은 점이 있는지 말해주지도 않았기 때문에 아이들은 한두 명씩 문제집을 꺼내놓고 풀었다. 문제집을 푸는 걸 보고도 선생님은 아무 말도 안 했다. 몇 주가 지나자 아이들은 전부 문제집을 풀었다. 나는 테니스 선생님이 눈물 나게 그리웠다. 이 귀한 시간을 시시한 문제집이나 풀면서 낭비하고 싶지 않았다. 하지만 "자습 시간을 주니 내가 얼마나 좋은 선생님이냐!"는 독서반 선생님의 어이없는 자화자찬에 툴툴거리며 문제집을 푸는 것 말고는 할 수 있는 게 없었다. 그 이후로 학교에서 '내가 존재하는 소리' 같은 건 들어보지 못했다. 일주일에 한 번, 심지어 한 달에 한 번이라도 기다리는 시간 같은 건 없는 학교생활이란 내게 그저 지루하고 우울하고 따분했다.

공부가 아닌 '방과후 활동'들은 아이들의 삶에 활력을 준다. 학습에 지친 머리를 쉬게 하고 자신이 무엇을 좋아하는지를 발견하게도 한다. 방과후 활동을 하면서 아이는 비로소 자신이, 자신으로 존재한다는 것을 느낀다. 나에게 "빨리 학교가 끝났으면 좋겠어요. 방과후 수업 가려고요. 방과후 시간이 제일 좋아요"라고 말하는 아이들을 만났을 때, 나는 비로소 내가 테니스 치던 때를 떠올렸다. 아이들에게 방과후가 그런 시간이 될 수 있다면, 그럼 우리 아이들이 얼마나 건강해질까 생각했다.

하지만 정규 교과가 아닌 방과후 활동들은 내가 겪은 테니스반과 독서반만큼이나 차이가 있었다. 정규수업이야 똑같은 교과서를 가르치는 거니까 좋은 방식과 나쁜 방식의 차이가 덜한 편이지만, 특기적성 교육은 가르치는 사람이나 가르치는 방식에 따라 테니스반처럼 가슴 뛰는 경험이 되기도 하고 독서반처럼 지겨움이 가득한 시간이 되기도 한다. 지금 우리 아이들의 방과후 학교도 그렇다.

아이들을 놀게 하라.

어른들이 보기에 그저 시간을 낭비하고

있는 것 같은 놀이가

아이의 성장에

필수 요소이기 때문이다.

학교가 절대 말해주지 않는 것들

정부는 '특기적성 교육'이라는 이름으로 각 학교마다 운영되던 활동들을 2006년 '방과후 학교'로 통합하면서 대대적인 지원을 약속했다. 물론 그때 정부에서는 방과후 학교를 통해 아이들에게 가슴 뛰는 경험을 주려는 의도가 분명 있었을 것이다. 사교육에 지친 아이들이 자신의 적성을 발견하고 발전하는 아이로 커가도록 돕겠다는 의도 말이다.

정부는 '사교육 부담을 줄이고 공교육 안에서 다양한 교육이 이루어지게 하겠다'는 목표로 어마어마한 예산을 쏟아부어 전국의 99.9%의 초중고에 방과후 학교를 개설했다. 이제 전국 어디에서도 방과후 학교가 운영되지 않는 학교는 찾아보기 힘들다. 99.9%의 학교에 방과후 학교를 운영하기 위한 정부의 정책은 그 규모도 엄청나다.● 막대한 예산 지원을 통해 2014년 현재 방과후 학교는 프로그램 개수만 60만 개가 넘는, 정규교육에 맞먹는 명실상부한 공교육의 양 날개가 되었다.

많은 예산을 지원하다보니 정부는 욕심을 내기 시작했다. '학원에 못 가는 저소득층 아이들을 방과후 학교에서 가르쳐서 교육의 빈부격차를 줄인다'는 제법 가능성 있는 욕심과, '사교육을 공교육 안으로 끌어들여 사교육의 고질적인 문제를 해결하겠다'는 불가능한 욕심이 그것이다. 정부의 '욕심'을 정부의 '약속'이라고 믿었던 학부모들은 환영했다. 그게 가능한 일인지 알 수는 없지만 '그렇게 많은 투자를 한다니 뭐래도 되지 않겠나?' 하는 마음으로 그 약속이 현실이 되기를 기대했다. 그러나 10년이 넘는 정부의 예산 쏟아 붓기에도 불구하고 교육의 양극화는 더 심해졌으며 사교육 문제도 전혀 해결되지 않았다. 무리한 욕심은 실패를 동반하기 때문이다.

● 현재 방과후 학교를 위해 대학생 멘토링 지원 사업, 초등 방과후 보육지원 사업, 방과후 학교 지원센터가 지원되고 있으며, 각 학교는 온종일 돌봄 교실, 영어 원어민 강사제도와 토요 방과후 프로그램, 자유수강권 지원 사업이 운영되고 있고, 전국의 방과후 강사를 지원하고 연수하는 프로그램도 운영 중이다. 학교의 업무부담 경감을 위해 방과후 학교 지원 사회복무요원제도, 학부모 코디네이터, 방과후 학교 보직 교사제를 운영하고 매년 방과후 학교 대상(大賞) 시상과 방과후 학교 콘텐츠 페어를 진행한다. 각 사업에 지원되는 예산은 정부와 지자체가 부담하고 있으며 한 예로 2012년 농산어촌 방과후 지원 사업에만 4700학급 657억이 지원되었다. 2014년부터는 방과후 학교 자유수강권 지원사업에 차상위계층 100%를 포함시키고 연간 지원비도 1인당 30만원에서 60만원으로 대폭 끌어올린다. 〈방과후 학교 우수사례집〉, 2012

학교의 실적이 되어버린 방과후 수업

방과후 학교에 대해 취재를 하면서 가장 큰 문제라고 생각한 점은 방과후 학교를 책임지는 주체가 없다는 것이었다. 학교가 책임지는 것은 아이들의 '정규교육'이다. 방과후는 엄연히 정규교육 이후의 일인데 정규교육 이후의 시간까지 어떻게 학교가 다 책임지느냐는 게 학교의 입장이다. 이런 학교 입장에서는 방과후 학교란 그저 번거롭기만 하고 할 일이 태산 같은 '잡무'일 뿐이다.

물론 방과후가 정규교육처럼 학교 내에서 이루어지기 때문에 학교가 책임에서 완전히 자유로울 수는 없다. 정부는 정부대로 학교 안에서 진행된다는 이유로 방과후 학교에 대한 책임을 전부 학교에게 일임한다. 그런데 막상 들여다보면 방과후에 대해 학교가 책임질 수 있는 부분이 별로 없다. 분명 서류상의 업무를 처리하는 것은 학교다. 강사수급, 온라인 업무와 수강신청, 수강취소와 재등록, 수강료와 재료비 수급, 스쿨뱅킹 관리, 프로그램 개발과 교실 배분, 교육비 지원자 선정과 지원금 배분 등 끝없이 이어지는 어마어마한 업무는 전부 학교 몫이다. 여기에 이 모든 것을 지시하고 재촉하며 확인하는 '공문폭탄'을 처리하는 것도 학교다. 하지만 학교의 임무는 여기까지다. 정부로부터 돈을 받았으니 돈에 관련한 것은 학교가 처리하지만 '수업'에 관한 일은 학교가 책임질 수 없다. 방과후 수업을 하는 강사는 학교 소속이 아니기 때문이다. 정작 교육에 있어 가장 중요한 '수업'은 '관리의 밖'에 존재하는 것이다.

"가장 큰 문제가 뭐냐 하면 업무랑 돈쓰는 걸 빼면 학교가 아무 관여를 안 한다는 거예요. 어떻게 학교가 방과후에 관여를 하냐고. 선생님들은 자기 수업 하느라 정신없고 학교 업무도 산더미인데. 그리고 이건 말 그대로 '방과후' 아니에요? 정규수업 끝나고의 일이란 말이에요, 학교 일이 아니라. 그러니까 그냥 돈 주는 것 말고는 학교가 할 일이 없어요. 지금 학교가 방과후에 하는 일은 문화센터 총무과가 하는 일이라니까. 나는 그냥 문화센터 같은 곳에서 방과후를 가져갔으면 좋겠어요. 학교 끝나면 애들을 다 그리로 데리고 가고. 그럼 얼마나 일을 깔끔하게 잘하겠어요. 그런데 정부는 뭐든지 다 학교 안에서 하라고 하니까…… 실질적으로 수업을 책임지는 사람이 아무도 없어요. 학교가 관여를 안 하니까 학교는 수업이 강사 책임이라고 생각하지, 강사는 학교에서 돈 받으니까 학교 책임이라고 생각하지, 누구 책임이냐고요, 방과후가." (J초등학교 교사)

방과후 학교는 아무의 책임도 아닌 채로 존재한다. 학교도 아니고 그렇다고 학교가 아닌 것도 아닌 채로 말이다. 그런데 이상한 게 있다. 왜 학교는 책임질 수도 없는 방과후 학교를 열심히 운영하는 것일까? 할 일만 산더미처럼 끌어안아야 하는 방과후 학교를? 그 대답은 바로 방과후가 학교를 평가하는 중요한 지표가 되기 때문이다.

이명박 정부가 들어서면서 '평가'라는 강력한 폭풍이 교육현장으로 들어왔다. 교육부는 교육청을 평가하고, 교육청은 학교를 평가하고, 학교장은 교사를 평가하고, 교사는 학생을 평가하고, 학생과 학부모는 교사와 학교를 다시 평가하는, 평가의 먹이사슬이 선생님과 아이들이 살 맞대고 살아가는 학교 안에서 끝없이 이어진다.

학부모들은 '평가제 도입'을 바라보면서 학교 평가를 통해 이전까지의 고질적인 학교 문제가 해결되리라 믿었다. 아이를 차별하고 촌지를 바라는 선생님을 쫓아낼 수 있을 줄 알았다. 하지만 철밥통은 괜히 철밥통이 아니었으며, 평가를 한다고 해서 부실한 수업이 훌륭한 수업이 되지도 않았다. 그렇지만 우리는 '어쨌든 평가를 하니까 뭐라도 좋아지겠지'라고 변함없이 믿었다.

하지만 생각해보자. 학교 안에서 평가할 수 없는 것들이 얼마나 많은지 말이다. 교사가 아이들을 진정으로 사랑하는지, 아이들 개개인의 이야기를 성의 있게 들어주는지, 수업시간에 아이들이 얼마나 집중하는지, 같은 것들은 대부분 평가할 수 없는 항목들이다. 그러나 정부는 그런 것은 제쳐두고 단지 '평가'를 위해서 평가할 수 있는 항목, 즉 가시적으로 확인할 수 있는 결과만을 '학교 평가의 지표'로 만들었다.

아이들 성적이 올랐나?

학교가 다양한 행사를 하는가?

얼마나 많은 아이들이 참여하는가?

등이 그것이다. 여러 가지 평가 지표 중에 확인하기 가장 손쉬운 것이 둘 있는데 하나는 학교를 성적으로 줄 세우는 것이고 또 하나가 방과후 학교다. 수업 개수나 참가 인원이 숫자로 잘 나타나기 때문이다. 교육부는 아이들 성적과 방과후 학교를 평가의 중요한 지표로 삼아 학교를 끊임없이 평가한다. 그리고는 막대한 예산을 학교에 지원하는 것으로써 평가에 대한 보상을 한다.

"학교의 중요한 실적이란 게 방과후 수업이랑 부진아 없애는 거예요. 그러니까 학교는 이걸 포기할 수가 없는 거지. 이게 학교의 중요한 실적이다 보니까 돈이 자꾸 내려와요, 실적 내라고. 방과후 예산이라는 게 원래 학원 가기 어려운 저소득층 아이들 위주로 쓰라고 내려오는 거잖아요? 그런데 이 애들한테만 쓰기에는 돈이 너무 많이 내려오는 거예요. 돈폭탄이 쏟아지는 것처럼 들어와요. 우리 학교는 수천만원씩 오고 큰 학교는 억 단위로. 교육청에서 내려오고 시청에서도 오고…… 돈을 받았으니 써야 되잖아요. 썼으면 보고서 내야 하고. 솔직히 학교는 돈 안 받고 일 안 했으면 좋겠거든요. 우리는 그냥 수업만 잘하고 싶은데…… 그런데 안 받겠다, 이런 게 안 되는 거예요. 그런 자유는 없어요. 무조건 써야 되는데 쓸 수가 없으니까 자꾸 전시행정을 하는 거죠. 옛날에는 하고 싶은 게 있어도 돈이 없어서 못할 때도 있었거든요. 지금은 왜 이렇게 됐는지 모르겠어요.

방과후가 애들의 꿈을 심어주고, 애들의 적성을 키워주고, 소질을 계발시켜주고, 교육적으로 필요하다, 이런 게 아니고, 각 학교가 평가를 잘 받으면 교육청에 돈이 내려오고, 교육청은 그 돈을 다시 학교에 확 뿌리고, 그럼 그 돈으로 또 실적을 내서 교장 교감이 더 좋은 자리로 가고, 이런 시스템이라니까 지금." (K중학교 교사)

바우처 제도의 문제점

정부는 방과후 학교에 많은 아이들이 참여하기를 바란다. 그래야만 정부가 바라던 교육의 양극화가 해소될 수 있기 때문이다. 정부는 이 목표를 달성하기 위해 '바우처'라는 것을 만들었다. 자유수강권이라고도 불리는 이 바우처는 저소득층 아이들이나 차상위계층 아이들에게 바우처 금액 안에서 원하는 강의를 수강할 수 있도록 한 제도다. 바우처를 사용해서 아이들이 좋아하는 수업을 마음껏 듣고, 그 수업을 통해 그 애들이 미래를 설계하는 모습을 상상하다보면 교육의 빈부격차가 금방이라도 해소될 것 같다는 생각도 든다. 하지만 현실은 그렇게 아름답지 않다.

바우처를 지원받아 방과후 수업에 들어오는 아이들은 이 수업이 공짜라는 것을 잘 안다. 공짜로 받는 수업이니 수업에 간절함이 있을 리 없다. 아이의 엄마도 비싼 돈을 내고 다니는 학원은 하루라도 빠지면 닦달을 하면서 공짜로 듣는 방과후 수업은 빠지겠다고 해도 쉽게 허락해주고 뭘 배우는지도 관심이 없다. 아이는 가방만 들고 수업에 놀러왔다가 축구한다고 빠지고 학원 보충 간다고 빠지고 이런 저런 이유로 쉽게 방과후 수업에 빠진다. 그러니 다음 시간에 오면 수업 내용을 이해할 수가 없다. 어차피 열심히 듣지도 않았지만 내용을 모르니 수업은 점점 재미없어진다. 수업이 재미없어진 아이는 이 수업을 그만두고 다음 달에 다른 수업을 듣는다. 수업료는 매달 지원이 되니까 마트에서 시식하듯이 이것저것 수업을 맛보는 것이다. 이렇게 수업을 시식하는 아이를 바라보면서 엄마와 정부는 아이가 이런 저런 다양한 활동을 하고 있다고 믿고 있지만 아이는 다양한 교실에서 다양한 방식으로 수업을 '방해'하고 있을 뿐이다. 그 아이들에게는 자기가 원해서 듣는 수업이 아니니 이 수업도 저 수업도 다 똑같이 그저 그런 수업일 뿐이다. 결석이 잦은 아이들, 방과후 학교가 마트인 줄 아는 아이들이 항상 떠들며 앉아 있는데 수업 분위기가 좋을 리 없다.

"저는 요즘 멘붕이에요. 그만둘까 말까를 매일 고민해요. 아이들이 너무 떠들어서 전혀 수업이 안돼요. 수업을 운영하는 저한테도 책임이 있겠지만 아이들이 해도 너무 한다는 생각이 들어요. 수업시간에 뒷자리에서 공차기를 하질 않나, 막 돌아다니지를 않나…… 그럴 거면 오지 말라고 하면 어차피 다음 달엔 다른 수업 들을 거래요. 저는 학원이나 과외만 했었거든요. 방과후는 처음인데 이런 곳인 줄 몰랐어요.” (J초등학교 피아노강사)

바우처는 수업의 질을 떨어뜨리는 것 말고도 또 다른 문제가 있다.

“자유수강권 받는 아이들이 많잖아요. 그런 애들은 수업이 공짜니까 오다 말다 해요. 자기가 필요해서 온 게 아니니까 와서 듣지도 않고. 애가 수업에 빠져도 엄마들이 관심도 없고. 그런데 얘가 이 수업이 너무 듣기 싫잖아요? 그럼 다른 수업으로 옮겨요. 그런데 그 수업도 듣기 싫다? 그럼 또 다른 수업으로 옮기고. 이것도 저것도 다 듣기 싫은 경우는 어떻게 하느냐 하면, 그래도 무조건 들어야 해요. 돈이 내려왔고, 그걸 다 써야 하니까. 근데 만약 ‘안 듣는다’라고 위에 알리잖아요? 그럼 다음 학기부터는 얘한테 돈이 안 내려오는 거예요. 명단에서 빠지니까. 그럼 내년에 듣고 싶은 게 생겨도 못 듣잖아요. 그러니까 무조건 써야죠. 우리 반에 그런 애가 있어요. 이 수업 저 수업 듣다가 마지막으로 우리 반에 왔는데 우리 반 수업도 듣기 싫은 거예요. 그래서 안 들어요. 그 애 엄마와도 얘기가 다 됐고. 수업에서 완전히 빠졌어요.

아…… 이런 얘기해도 되나? (뜸들이다가) 그런데 그 애 수강료는 들어와요. 애는 없는데. 이게 뭔가 좀 굉장히 찝찝한데 그렇다고 제가 어쩌겠어요?" (H초등학교 역사논술 강사)

2013년 한해에만 전국의 57만여 명의 아이들에게 3400억 원이 넘는 바우처가 지급됐다. 물론 이 수강권으로 자신에게 도움이 되는 알찬 수업을 들은 아이들도 있을 것이다. 그러나 그렇지 않은 아이가 얼마나 많은지, 그 아이들이 얼마나 방과후 학교에 지긋지긋해하고 있는지, 그래서 세금이 얼마나 낭비되고 있는지 누구도 알지 못하고, 알려고 하지도 않는다.

원하지도 않는데 바우처가 지급돼서 방과후 수업에 억지로 들어온 아이들도 있지만 자신의 의지로 무언가를 배우고 싶어서 온 아이들도 분명 있다. 이런 아이들은 스스로 선택한 수업이므로 그렇지 않은 아이들에 비해 수업 집중도가 높을 거라고 생각한다. 그러나 수업을 들여다보면 이 아이들 역시 집중이 어렵기는 마찬가지다.

아이들은 5~6시간의 정규수업을 받아서 피곤하다. 피곤해진 아이들은 전혀 쉬지 못하고 다시 방과후 수업에 온다. 그리고 피곤한 채로 또 다시 무언가를 공부한다. 아이들은 방과후 수업 시간에 극도의 피로를 느낀다. 학교 공부가 끝난 뒤에는 쉬기도 하고 간식도 먹어야 하는데 간식은커녕 학교 교실에서 방과후 교실로 장소만 바뀐 노동이 계속된다. 정신적 피곤과 육체적 허기가 한꺼번에 몰려온다. 아이들은 단지 지쳤기 때문에 방과후 수업에 집중하기가 힘들다. 정규수업과 방과후 수업의 분위기가 확연히 다른 것은 아이들의 신체적 집중력이 한계에 다다를 즈음에 방과후 수업이 이루어지기 때문이다. 지쳐 널브러진 아이들만 가득한 교실에서 무언가를 배우려는 활기는 기대할 수 없다.

"방과후 학교 수업 분위기 안 좋다고 뭐라고 하는데, 생각을 해 보세요. 학교에서 5~6교시 한 애들이 방과후에 와서 7~8교시를 한단 말입니다. 7~8교시는요, 고등학교 애들도 힘들다고 하는 수업이에요. 어린 애들이 얼마나 힘들겠어요. 아침부터 저녁까지 꼼짝 못하고 앉아만 있는데. 이거 엄마들도 똑같이 한 번 시켜봐야 됩니다. 엄마들은 일주일도 못한다니까요, 힘들어서. 그런데 엄마나 학교나 '학교 끝났으니까 당연히 방과후 하는 거지……' 그렇게 생각한다고. 애들 힘든 건 생각 안 하고. 애들이 배고파서 쩔쩔 매요. 아니, 한창 자라는 애들이 12시에 부실한 급식 먹고 오후 4~5시까지 간식도 없이 쫄쫄 굶으면서 쉬지도 못하고 공부를 한다고 생각을 해보라고요. 그러니까 애들이 하도 불쌍해서 강사가 그 박봉으로 애들 간식 사 먹이는 거 아닙니까." (M초등학교 바둑 강사)

좋은 강사 구하기의 어려움

서울과 수도권, 대도시를 제외한 거의 모든 지방학교 방과후 담당교사들이 입을 모아 하는 말이 '강사 수급의 어려움'이다. 먼 곳까지 적은 돈을 받고 올 방과후 강사가 없다는 것이다. 지원자가 거의 없어서 지원하기만 하면 뽑아주는 시스템에서는 당연히 방과후 강사의 질이 떨어질 수밖에 없다. 아예 지원자가 없을 경우에는 담당교사들이 동네 학원에 전화를 걸어서 "시간을 조정해줄 테니 제발 와 달라"고 사정하는 경우도 있다. 이렇게 채용된 강사들은 원래 방과후 강사를 하려는 사람들이 아니니 쉽게 그만두고, 그 자리에 다시 자격 없는 강사가 채용되는 악순환이 반복된다. 지방 방과후 학교의 현실이다.

대도시는 이와 정반대다. 방과후 학교 강사 지원자가 차고 넘친다. 방과후 강사가 되는데 국가자격증이 필요한 것이 아니다보니 전공을 살려 취업을 해보려는 사람들이 방과후 강사에 끊임없이 도전한다. 특히 공예수업같이 자격증 취득이 쉬운 과목은 10:1이 넘는 경쟁률을 보이기도 한다.

강사 수급의 불균형이 이렇게 심한데도 정부 차원에서 관리되는 강사 풀은 전혀 없다. 물론 교육청 홈페이지에 강사 등록을 하도록 되어 있지만 형식적일 뿐, 학교에서 이걸 이용해 강사를 뽑지는 않는다. 학교는 강사가 없다고 동동거리고 강사는 일할 학교가 없다고 하소연하지만 이 둘을 연결해주는 시스템이 없다보니 강사를 뽑는 문제는 모두 학교장의 손으로 넘어간다. 강사 선정에 있어서 불공정한 거래가 얼마든지 가능하다는 말이다. 아무리 실력 있는 강사가 지원을 해도 '교장 선생님 친구 딸'이라거나 '운영위원 엄마의 고교동창'이라는 인맥을 당해낼 재간이 없다. 방과후 강사 지원자들이 분개하는 가장 큰 이유다.

> "대부분 학교가 이미 내정자가 있어요. 내정자가 있으면 그냥 그 사람을 뽑으면 되잖아요. 그런데 공개채용 규정 때문에 그건 또 안 되고, 이게 다 짜고 치는 고스톱이에요. 그러니까 저희 같이 '내가 실력 있으면 뽑히겠지'하고 순진하게 믿는 지원자들만 골탕 먹는 거죠. 서류를 수십 통 넣어도 면접 보러 오라고 하는 데가 거의 없어요. 빽이 없어서 가장 서러운 데가 학교예요."
> (POP강사 지원자)

물론 공정한 선발 기준으로 유능한 강사를 채용하는 학교도 있다. 하지만 실력 있는 강사가 뽑힌다 해도 문제는 또 남는다. 이 강사들 중에서는 교육을 전공한 임용대기 발령자들도 다수 있지만 교육과는 무관한 미술, 음악, 스포츠 전공자들도 많다는 것이다. 이런 강사들은 자기 분야에서 스펙이 워낙 좋기 때문에 강사로 발탁이 되지만 아이들과 어떻게 소통해야 하는지, 말 안 듣는 아이를 어떻게 다뤄야 하는지 전혀 알지 못한 채로 수업에 들어온다.

"우리 반에 과잉행동을 하는 아이가 있거든요. 수업하다가 갑자기 이상한 소리를 막 지르는 거예요. 그럴 땐 제가 어떻게 해야 하는지 모르겠어요. 수업시간에 친구들을 막 때리고 다니는 아이도 있는데 얘는 또 어떻게 가르쳐야 하는지…… 정말 답답해요." (J초등학교 피아노강사)

학교 어디에도 아이들을 어떻게 지도해야 하는지 방과후 강사에게 알려주는 사람은 없다. 수업시간에 욕을 하고 도저히 상상할 수 없는 행동을 하는 요즘 아이들을 방과후 강사들은 감당하지 못한다. 그저 아이들을 야단치거나 미워하다가, 그 아이들을 포기한다.

"교장인 내가 볼 때는, 강사 선생님들이 전공분야는 우수할지 모르지만 수업은 엉망이에요. 수업 통제를 못하니까. 교사들은 4년 동안 그런 걸 배우잖아, 실습도 하고. 그런데 방과후 강사들은 애들 다루는 방법을 몰라. 아무리 수업에 참견을 안 하려고 해도 돌아다니다 보면 속이 터져서 내가 들어가서 한 마디 합니다. 애들도 조용히 시키고. 강사 선생님들은 기분 나쁘겠지. 그런데 막상 보면 속이 터져서 말을 안 할 수가 없어요. 그래놓고 재계약 때가 되면 그 선생님들이 내 눈치를 많이 보거든. 그럴 때면 마음이 아프지. 다 좋은 교육 받은 사람들인데." (D초등학교 교장)

그나마 학교에서 강사를 직접 선발하는 경우는 서류전형과 면접을 학교에서 직접 하기 때문에 자격 미달 강사가 선발되기는 어렵다. 하지만 위탁업체가 학교에 들어오면서 문제가 심각해졌다. 학교가 과중한 업무와 프로그램 개발의 어려움을 계속 토로하자 교육부는 2007년부터 방과후 학교의 위탁운영을 허가했고, 그 이후로 많은 위탁업체가 학교로 들어왔다. 2013년 기준으로 전체의 29.4%, 초등학교는 44.4%•의 프로그램이 민간위탁으로 운영되고 있다.

그런데 문제는 이 위탁업체들과 함께 제대로 검증되지 않은 강사들도 같이 학교로 들어왔다는 사실이다. 위탁업체가 강사를 선발하는 기준은 그야말로 업체 마음이다. 전공자가 아니거나 경험이 부족하더라도 업체가 마음에 들어 채용하면 그만이다. 더군다나 교사의 범죄경력을 꼼꼼하게 조회하는지 역시 업체마다 기준이 제각각이다. 경력이 불확실한 강사를 선발해서 교육도 하지 않은 채 학교에 파견한다고 해도 학교는 그 강사를 알아볼 재간이 없고 제재할 방법도 없다. 강사의 질은 바닥으로 추락한다.

이래저래 방과후 학교에는 좋은 강사가 없다는 문제가 끊임없이 발생한다. 그런데 선생님만 없는 게 아니라 교실도 없다. 지금 운영되는 방과후 학교는 대부분 정규수업이 끝난 뒤 교실에

• 이정섭, 2013, 한국교원대학교

서 그대로 이루어진다. 예체능 수업이든 공예수업이든 학과수업이든 마찬가지다. 그런데 이 교실은 각반 담임도 써야 한다. 담임교사에게는 끝나지 않은 업무도 있고 아이들과의 상담도 있으며 학습 부진아에 대한 개별 교육도 있다. 그러니 방과후 수업은 청소가 덜 끝난 어수선한 교실에서 이루어지거나 심지어 교실이 아닌 방송실이나 상담실에서 해야 할 때도 있다. 그뿐인가? 학교 사정에 따라 어떤 날은 이 교실로 어떤 날은 저 교실로 아이들이 피난민처럼 떠돌아야 한다. 수업에 집중할 수 있는 환경이란 애초에 기대할 수가 없다.

더욱 문제인 것은 예체능 수업이다. 예체능 수업은 좋은 장비와 적절한 공간이 좋은 수업의 기본인데 방과후 시범학교로 지정된 학교조차도 이런 시설을 제대로 갖춘 경우가 많지 않다.

피아노 수업은 칸막이가 없어서 이 피아노 소리가 내 소리인지, 친구 소리인지도 구분하기가 어렵다. 피아노 소리 때문에 더

방음시설이 전혀 갖춰지지 않은 방과후 피아노 교실. 사진 출처: 아시아뉴스통신

크게 떠드는 친구들의 목소리를 들어가며 이론 문제를 풀고 있으면 귀까지 먹먹해온다. 방과후 과학수업은 과학실을 개방해주지 않아 교실에서 이루어지거나, 설령 과학실을 쓸 수 있다 해도 실험도구가 훼손될까봐 방과후 수업에서는 쓰도록 허락해주지 않는다. 방과후 강사가 가져온 실험도구 하나를 돌아가며 쓰다보면 간단한 실험 하나 하는데도 한 시간이 훌쩍 지나간다.

"토요일에 강당에서 수업을 하고 있으면 배드민턴 동호회 회원들이 들어와요. 자기네가 돈 내고 빌렸다고. 학생들은 당연히 강당이 자기들 거라고 생각하잖아요. 그런데 그 분들도 당연히 자기네 거라고 생각해요. 돈을 냈으니까. 강당을 반반 나누어 쓰는데 동호회 사람들이 워낙 떠드니까 제 목소리가 들리지도 않고, 사람들이 많이 오는 날에는 구석으로 쫓겨나다시피 해요. 애들이 '선생님, 우리 너무 불쌍해요' 그럽니다."(K초등학교 배드민턴강사)

공교육도 사교육도 아닌 교육 사각지대

방과후 학교를 운영할 준비가 전혀 되어 있지 않는 학교에 방과후 학교가 생겼다. 방과후 학교를 운영할 역량이 있는지조차 조사하지 않은 교육부는 그저 목표를 세우고 지시를 내리면서 학교를 독촉했다. 그러나 준비가 되어 있지 않은 학교에서 교육부가 내세우는 목표를 이뤄낸다는 것은 처음부터 실현 불가능한 일이었다. 욕심만큼 방과후 학교가 성과를 보여주지 않자 교육부는 위탁업체를 통해 그 목표를 실현하고자 했다. 학교 역시 위탁업체가 골치 아픈 업무를 떠맡아주니 두 손 들어 환영했다. 하지만 그나마 전권을 쥐고 있던 학교가 업체에게 방과후 학교를 넘겨주자 더 많은 문제들이 발생했다.

"방과후 강사를 파견하는 곳은 다양합니다. 강사 송출업체도 있고 교재 판매업체도 있고 퇴직한 교장 선생님들이 만든 무슨 연합회라는 곳도 많고 대학도 비영리업체로 학교로 들어와요. 그런데 어디서 들어오든 다 똑같아요. 강사 교육을 부실하게 하고, 커리큘럼에 원칙이 없고, 감수도 안 된 교재를 팔고, 강사 관리를 안 하면서 수수료만 챙기고. 어디나 다 비슷비슷합니다."(전(前) 강사송출업체 직원)

업체는 직접 학교로 들어온다. 자금력이 있는 대기업은 학교에 기자재를 지원한다는 조건을 제시한다. 학교가 마다하기에는 너무도 달콤하고 강한 유혹이다. 학생에게 받은 교재대금 중 일부를 학교측에 나누어주겠다는 조건을 제시하는 곳도 있다. 업체 선정이 전적으로 학교장의 권한이다 보니 학교장이 도덕적으로 청렴하지 않을 경우 위탁업체와의 부도덕한 거래도 얼마든지 가능하다. 전·현직 교장이 다수 개입된 2011년 방과후 학교의 뇌물사건●에서 보듯이 위탁업체 선정에는 비리가 개입할 여지가 얼마든지 많다. 지금까지 처벌된 수십 건의 학교와 업체 간의 비리 문제가 빙산의 일각이라는 것은 학교의 공공연한 비밀이다. 업체가 강사 월급 중 30~40퍼센트를 착취하여 그 일부를 학교에 상납한다는 것 역시 아는 사람은 다 아는 사실이다. 심지어 학교에서 적극적으로 업체에게 돈을 요구했다가 적발된 사례도 있다. 이런 일이 일어나는 곳이 건설현장도 아니고 우리 아이들이 다니고 있는 학교라는 게 놀랍다.

물론 학교와 업체 간의 비리 문제는 일부 학교에 국한된 문제일 수 있다. 하지만 로비 없이 들어온 업체라고 해서 자격이 있는 건 아니다. 대다수의 학교가 위탁을 맡기고 있는 '방과후 연합회'라는 이름의 단체들은 많은 수가 퇴직 교원들이 만들었거나 퇴직 교원을 고문으로 두고 있는데 이들은 후배 교장이 있는 학교를 위주로 전관예우 형태로 들어온다. 어떤 업체라 하더라도 변함없이 교재를 팔거나 강사 수수료를 착취하는 방식으로 방과후 학교를 운영한다. 방과후 학교에 배정되는 국민 세금과 방

● 서울중앙지검은 2011년 5월 16일 (주)대교와 (주)에듀박스의 방과후 학교 민간 참여 컴퓨터교실 관련 뇌물비리 사건을 수사하여 초등학교장 8명에게 합계 1억 2,500만원의 뇌물을 교부한 대교 학교교육팀장과 학교교육본부장, 초등학교장 9명에게 합계 1억 5,000만원의 뇌물을 교부한 에듀박스 계열사 대표이사 및 영업 담당 이사, 허위 세금계산서를 수수하는 방법으로 대교의 불법자금을 조성하고 뇌물을 전달하는데 관여한 지부장 및 불법자금 조성에 협력한 협력회사 운영자, 대교/에듀박스로부터 뇌물을 수수한 전현직 교장 16명, 허위 세금계산서를 수수한 대교 등 총 29명 중 1명을 구속 기소하고, 나머지 28명을 불구속 기소하였다.

과후 학교 수강료, 많지도 않은 강사 월급에 기생해서 살아가는 업체들이다. 비영리단체로 들어오는 곳도 강사 수수료를 떼어 가는 것은 똑같다. 그 비율이 다른 업체보다 약간 낮은 것이 그나마 다른 점이다. 최근 이러한 문제를 해결하기 위해 대학이 참여한 사회적 기업이 늘어나고 있기는 하다. 하지만 전국의 모든 학교를 감당하기에는 건전한 사회적 기업이 턱없이 부족하다. 또한 사회적 기업의 방과후 참여는 아직 걸음마 단계라 성과를 말하기에 이르다.

학교가 학원과 가장 다른 점은 '교육의 공공성을 바탕으로 경제적인 이익을 추구하지 않는다'는 것이다. 바로 이 점이 학교가 학원과 차별화되는 점이다. 방과후 학교를 공교육 안에 포함시키는 것은 단지 장소가 학교 안에 있기 때문이 아니라 교육을 실현하는 목적이 '경제적 이득'에 있지 않기 때문이다. 그런데 학교 내로 위탁업체가 들어오면서 이 경계가 모호해졌다. 업체들이 학교 내에서 영리 추구를 목적으로 교육 서비스를 제공하게 되면 방과후 학교는 더 이상 공교육이 아니다. 수단과 방법을 가리지 않고 방과후 학교를 공격적으로 늘린 정부의 욕심 때문에 공교육이 가진 공교육으로서의 순수성이 위협받게 된 것이다. 비영리기관인 학교에 영리기관이 들어와서 운영되고 있다는 것은 공교육의 의미가 훼손되었다는 것이고 이것은 학교 안에 사교육 시장화가 진행 중이라는 말이다.

공교육인지 사교육인지도 그 성격도 불분명하고, 좋은 강사도 좋은 교실도 없는 방과후 학교. 수업 받기 싫은 아이들과 공부에 지친 아이들이 가득한 방과후 학교에서 좋은 교육이 이루어지기를 바란다는 것은 얼마나 불가능한 소망인가?

교사는 방과후 학교가 괴롭다

교실을 빼앗겨버린 선생님들

나의 초등학교 시절 담임선생님들에 대해 생각해본다. 4학년 때 담임은 나이 지긋한 할아버지 선생님이었는데 쉬는 시간이면 돌아가면서 아이들을 불러 어깨를 주무르게 했다. 어깨를 주무르는 동안 재미있는 일은 없었는지 어떻게 지내는지 물어보고 아이들의 시시콜콜한 얘기에 호탕한 웃음소리로 크게 웃어주셨다. 5학년 선생님은 브래지어 끈을 잡아당기는 남자아이들의 짓궂은 장난에 여자아이들이 성토할 때면 수업이 끝나고 한참 뒤까지 우리의 얘기를 들어주셨다.

가장 생각나는 선생님은 2학년 때 담임이다. 2학년 담임선생님은 수업이 다 끝나면 집에 가기 전에 아이들을 쭉 일렬로 세워 놓고 한사람씩 간단한 얘기를 해준 후에 꼭 안아주었다. 집에 가기 위해서는 선생님한테 안기는 세리머니를 반드시 거쳐야만 했다. 선생님이 해주는 이야기는 보통 '내일 또 보자' 아니면 '조심해서 잘 가라' 같은 소소한 얘기였지만 친구와 싸운 아이나 슬퍼 보이는 아이에게는 그에 꼭 맞는 얘기를 해주어서 간혹 선생님 품에 안겨서 우는 아이도 있었다. 어떤 아이가 선생님 품에서 엉엉 울면 나머지 아이들은 고개를 쭉 빼고 그 아이의 슬픔에 공감의 표정을 보냈다. 어쩌면 '나도 언젠가는 선생님 품에서 울어 보리라' 기대했는지도 모른다. 2학년 봄방학 때 다른 학교로 전학을 가야 했던 나는 선생님과 헤어지는 게 싫고 이제 선생님한테 안길 수 없다는 게 서러워서 얼마나 울었는지 모른다. 그런데 지금 아무리 곰곰이 생각을 해도 그 선생님들이 어떻게 공부를 가르쳤는지는 생각나지 않는다. 아마 그 시기의 아이에게는 공부보다 선생님과의 관계가 훨씬 더 중요한 문제라서 그런 게 아닐까 싶다.

좋은 교사란 아이들의 성적을 올리는 선생님이 아니라 아이들의 이야기를 잘 들어주는 선생님이다. '아이들이 선생님에게 자신의 어려움을 이야기하고 도움을 받는 것'. 아무리 성적이 학교를 사막화해도 이것이 초등교육의 가장 중요한 일이라고 나는 믿는다. 그런데 교사가 아이들과 대화하기 위해서는 반드시 필요한 것이 있다. 하나는 아이들에 대한 애정이고 다른 하나는 이야기를 하기 위한 '시간'이다. 하지만 지금 학교에서 교사는 시간이 없다.

담임교사들은 수업이 끝나고도 업무가 산더미처럼 많다. 처리해야 할 수많은 공문과 성적처리와 수업준비 등이 그들을 기다리고 있다. 그런데다 교사들은 수업이 끝나자마자 방과후 강사에게 교실을 내줘야 한다. 진도를 따라가지 못하는 아이를 개인적으로 봐주고 싶어도 그럴 수 없고 학부모와의 상담도 어렵다. 부득이하게 담임교사가 교실을 써야 할 때는 한 반에서 두 선생님이 아이들을 가르치는 웃지 못할 풍경도 벌어지고, 한쪽에선 교실 청소를 하는데 한쪽에서는 수업이 진행되기도 한다.

방과후 수업 때문에 어쩔 수 없이 자기 교실에서 쫓겨났다가 교실로 돌아온 담임교사는 화가 난다. 우리 반 아이들이 깨끗하게 치워놓고 간 교실을 방과후 아이들이 엉망으로 만들어놨기 때문이다. 먹을 것을 흘리고 칠판에 낙서를 해놓고 간 아이들도 있다. 남의 교실을 이렇게 엉망으로 만들어 놓은 방과후 수업에 짜증이 난다. 방과후 수업이 끝나기를 기다리다 업무 처리가 늦어져 제시간에 퇴근조차 못하는 교사들에게 방과후 학교란 정규수업에 지장을 주는 공공의 적일 뿐이다.

"솔직히 말하면 학교 선생님들은 방과후 수업 싫어해요. 일단 교실을 같이 써야 하는데 그렇게 되면 내 업무를 못 보니까. 학교에는 남는 교실이 거의 없거든요. 그러니까 방과후 수업에 교실을 빌려주고 나면 선생님들이 학년별 연구실에 모여서 컴퓨터 두세 대로 예닐곱 명이 같이 업무를 봐야 돼요. 관련 자료가 있는 것도 아니고 자리도 비좁고 굉장히 불편하죠. 5일 내내 교실을 빌려줘야 하는 저학년 선생님들은 5일 내내 이 고초를 겪어요. 심지어는 과학실에서 저학년 방과후 수업을 한다고 고학년이 정규 과학 수업을 못 받는 때도 있다니까요? 어떻게 방과후 수업을 좋아할 수가 있겠어요?"(J초등학교 교사)

방과후 수업이 끝나기를 기다렸다가 교실로 돌아와 업무를 처리하다보면 당연히 퇴근시간이 늦어진다. 그러나 누군들 퇴근 시간이 늦어지는 것을 바라겠는가? 교사도 집으로 돌아가면 돌봐야 할 아이가 있고 할 일이 쌓여 있는 생활인인데 말이다.

교사는 퇴근시간을 지키고 싶다. 그런데 업무는 산더미처럼 쌓여 있고 업무를 처리해야 할 교실은 쓸 수가 없다. 교사는 어쩔 수 없이 쉬는 시간 틈틈이 업무를 처리한다. 쉬는 시간에는 교사도 쉬어야 한다. 화장실에도 다녀오고, 옆 반 담임과 정보도 교환하고 아이들이 들고 오는 수많은 불만도 들어주고 다음 시간 수업준비도 하라고 있는 게 쉬는 시간이다. 그러나 교사는 그럴 수 없다. 쉬는 시간에 재빨리 오늘 업무를 처리해야 하기 때문이다. 다음 수업 준비는 고사하고 아이들과 눈맞춤 한번 하기 어렵다.

쉬는 시간에 모든 업무가 끝난다면 그나마 다행이지만 그럴

시간선택제 교원 도입 철회 요구 기자회견, 2013,
사진출처: 민중의 소리

수 없는 많은 경우에 담임교사는 아이들에게 자습을 시키거나 영화를 보여주고 업무를 처리한다. 쉬는 시간에 쉬지도 못하고 아이들과 이야기도 못 하고 그저 허덕이며 업무처리 하느라 진이 빠진 선생님은 수업시간에 열의를 가지고 아이들을 가르치는 것이 점점 어려워진다. 오늘 시간표를 보며 수업을 어떻게 가르칠까를 고민하는 것이 아니라 오늘 어떤 수업에 업무처리를 해야 하나 고민하는 교사에게 아이들을 위한 좋은 교육이란 너무 먼 이야기다.

교육이란 '교육하는 자와 교육받는 자의 상호작용'이다. 그러므로 좋은 교육을 위해 교사는 아이들과 더 자주, 더 깊게 상호작용해야만 한다. 성적으로 아이들을 줄 세우는 지금의 학교에서는 더욱 그렇다. 아이들과 상호작용하는 좋은 선생님이 되기 위해서는 아이들에 대한 애정이 있어야 하고 아이들과 빈둥거릴 시간도 있어야 한다. 그 빈둥거리는 시간에 아이들과 농담하고, 같이 놀면서 개별 아이들을 파악해야 한다. 아이가 어릴수록 교사에게 의지하는 성향이 높기 때문에 초등학교 교사는 특히 더욱 그렇다. 그런데 방과후 수업이 들어오면서 학교는 업무가 많아졌고, 각 반 담임교사가 방과후 강사에게 전달해야 할 일들도 많아졌다.

물론 교사들의 업무가 많아진 것이 방과후 학교만의 책임은 아니다. 하지만 방과후 학교가 큰 몫을 차지하고 있다는 것은 부인하기 어렵다. 이 모든 업무 때문에 아이들과 교사는 점점 만날 시간이 없어진다. 아이들과 선생님의 상호작용이 없는 교실, 같이 이야기하면서 눈맞춤 할 시간이 없는 교실에서 교사는 아이들의 소리를 듣지 못하고 아이들은 교사를 튕겨낸다.

폭탄 돌리기가 된 죽음의 보직

아이들과 이야기하고 아이들을 관찰할 시간이 없다는 문제점은 모든 교사가 공통적으로 겪는 것이지만 이 문제를 가장 극명하게 경험하는 사람들이 있다. 바로 방과후 학교 담당교사다. 적게는 10여 개, 많게는 수십 개의 방과후 교실이 운영되는 학교의 담당교사가 처리해야 할 업무는 상상을 초월한다.

수업을 개설하고 강사를 뽑고 개설 강의를 광고하고 수강신청을 받고 수강료 취합하고 수강 취소한 아이들 수강료도 돌려주고 예산과 결산 때문에 계산기를 두드리며 밤을 새운다. 온라인 업무 처리, 교실 배정, 강사관리, 학부모 불만 접수, 아이들 사고 수습, 그 사이사이 끝없이 날아드는 공문 처리도 해야 한다. 그뿐인가? 1년에 두 번씩 있는 방과후 학교 공개수업 때는 강사를 독려하고 수업준비를 확인하느라 별보기 운동을 해야 할 지경이며 시의원님과 교육감님이 둘러보고 가실 '방과후 페스티벌'을 준비하려면 가정쯤은 과감히 내팽개쳐야 한다. 학교에서 방과후 담당교사가 되었다는 말은 1년간 '죽음의 보직'을 맡았다는 말과 동의어다. 정시 퇴근은 완전히 포기해야 하며 여기저기서 터지는 문제들 때문에 신경안정제가 필요한 상황이 하루에도 몇 번씩 발생한다. 놀라운 것은 이렇게 힘든 보직을 맡아서 일감에 치여 지내도 인센티브 한푼 지급되지 않는다는 사실이다.

물론 방과후 예산 전체를 책임지는 일은 실력 있는 부장 교사들이 맡는다. 방과후 학교에 지원되는 예산이 워낙 크기 때문이다. 이런 책임자급 교사들한테는 일부 인센티브가 지급되는 경우도 있다. 하지만 실질적으로 온갖 일을 맡아서 해야 하는 실무자 교사는 약간의 가산점만 받고 이 모든 업무를 떠안아야 한다. 이런 상황을 모두가 아는데 누가 방과후 담당교사를 지원하겠는가? 노련하고 현명한 선생님들은 방과후 학교 업무를 맡지 않는다. 아무도 맡기를 원하지 않는 방과후 담당은 대부분 학교 실정에 가장 어두운 신참 선생님의 몫이거나 가장 힘없는 기간제 교사의 몫이다.

재수 없이 걸린 선생님은 수많은 서류에 파묻혀서 이를 꽉 깨물며 각오한다. '1년만 빨리 지나가라. 내년에 새로운 선생님이 오면 나는 도망치리라.'

방과후 학교 업무에 치를 떠는 선생님들에게 애정과 열의 같은 게 있을 리 없고 창의적인 수업의 개설 역시 기대할 수 없다. 애정을 가지고 일을 추진해봤자 자신의 업무만 늘어나고 퇴근 시간만 늦어지는데 도대체 누가 열심히 일을 할 수 있단 말인가?

'방과후 학교의 교사 참여율을 높이기 위해 개선 되어야 하는 문제가 무엇인가?'라는 설문조사에 무려 95%의 교사가 '업무부담 경감'● 이라고 답한 것만 봐도 교사들이 얼마나 많은 업무 속에서 시달리는지 알 수 있다.

담당교사의 비명이 극에 달하자 교육부는 '방과후 학교 코디네이터'를 뽑아서 담당교사의 업무를 지원하도록 했다. 그런데 방과후 코디네이터가 받는 월급은 터무니없이 적다. 업무의 전문성이 없는 잡무를 맡기 때문이다. 일부 학교에서는 자원봉사자에게 일을 맡기기도 한다. 쥐꼬리만한 월급으로 온갖 허드렛일을 떠맡게 된 코디네이터나 자원봉사자는 더 좋은 일자리가 생기면 미련없이 떠나버린다. 방과후 담당교사와 방과후 코디네이터가 계속 바뀌다보니 학교에 방과후 수업에 관한 노하우를 가진 사람은 존재하지 않는다. 주먹구구식으로 운영되는 방과후 수업의 악순환은 계속된다.

"저희 학교가 시범학교라 다른 학교보다 프로그램이 많다보니

● 박종원, 2009, 한국교원대학교 정책교육원

까 챙겨야 할 것들이 굉장히 많아요. 일단 외부 강사가 30명이 넘으니 외부 강사 선생님들 근무상황표, 강사일지, 수업계획안, 강사 출입증 챙겨야지, 수강료는 분기별로 스쿨뱅킹을 통해서 일괄 결제처리 되지만 수강료 환불이 수시로 생겨요. 그러면 환불 신청서 받아야지, 또 환불금액 산정하는 게 정말 어렵거든요. 교실 배치하고 강사료 송금하고 통신문 보내고 아이들 설문지, 평가지에 온라인 업무는 얼마나 많은지 아세요? 애들 아이디 만들어야지 온라인 수강 확인해야지, 근데 또 온라인으로 못 하는 아이들도 있잖아요. 그럼 이건 또 따로 처리해야 하고…… 교육청에서 오는 공문도 양이 어마어마하거든요. 챙겨야 할 것들은 많은데 공문은 촉박하게 처리를 해야 하고, 아이들이나 강사선생님들한테 개별적으로 생기는 문제 처리하고 학부모 불만 듣고. 아, 정말 미칩니다. 특히 시범학교니까 행사가 많아요. 예를 들면 뭐 '책사랑 축제' 이래가지고 전시물 내라, 애들 명단 보내라, 언제 언제 출장 와라…… 그런데 이런 게 단순히 축제 하나로 끝나는 게 아니라 어떤 전시물 낼지 서류를 보내야 하고, 어떤 애들 참가할지 명단 올려야 하고, 그런데 명단 올린 애들이 못 할 사정이 생기잖아요. 그럼 왜 못 하는지 엄마랑 얘기해야지, 서류 다시 보내야지, 전시물 준비해야지, 행사 진행해야지. 행사 하나에 하루이틀 고생하는 게 아닌데 이런 행사가 끝이 없어요. 그러니까 괜히 하는 말이 아니라 정말 화장실 갈 시간도 없어요. 퇴근을 제시간에 하는 날도 없고.

가족들이 불만이 많죠. 근데 제일 미안한 건 우리 반 아이들…… 담임이 방과후 맡는 바람에 내팽개쳐져 있어요. (울먹한다) 너무너무 미안해요." (L초등학교 방과후 담당교사)

특기적성 교육은 누가 하나요?

전국에는 60만 개가 넘는 방과후 수업이 있다. 이 중에는 물론 사교육에서는 만날 수 없는 특별한 수업도 많다. 하지만 일부 시범학교를 제외하면 이렇게 다양한 방과후 수업이 개설되어 있는 학교는 많지 않다. 엄마들이 선택할 수 있는 수업은 컴퓨터와 영어가 대부분이고 일부 예체능 수업, 과학이나 역사논술 같은 교과와 연계된 수업들이다.

방과후 학교를 보내는 엄마는 방과후 프로그램 안내지를 보면서 고민한다. '어떤 수업이 아이에게 도움이 될까?' 저학년 때에는 예체능 프로그램에 대한 선호가 높다. 하지만 방과후 예체능 프로그램이 워낙 시설도 미흡하고 수준별 수업이 안 되다보니 엄마들의 기대치를 만족시킬 수 없다. 엄마들은 혹시나 하는 마음에 보냈던 예체능 수업을 끊고 이왕이면 공부에 도움을 받을 수 있는 학과 연계 수업을 고른다.

"처음에 방과후 학교를 만들 때는 교과목과 연관되는 과목을 개설하지 못한다는 지침이 있었어요. 그런데 이게 어느 날부터 과학실험은 된다, 독서연계 국어는 된다, 스토리텔링 영어는 된다, 자꾸 풀어주는 거예요. 그래서 지금은 완전히 교과목 수업 위주로 가고 있어요. 특기적성 수업은 점점 없어지고. 어차피 엄마들이 또 1~2학년 때 아니면 예체능을 원하지도 않아요. 그러니까 수요와 공급이 맞았다고 해야 하나? 하여간 지금 방과후는 중고등학교에서 하는 보충수업처럼 바뀌고 있어요. 그나마 특기적성을 살릴 수 있을 때는 초등학교 때뿐인데 이래도 되는지 모르겠어요." (L초등학교 방과후 담당교사)

방과후 교과연계 수업은 매년 그 비율이 높아지더니 드디어 2013년 기준 56.8%가 되었다.● 43.2%의 특기적성 프로그램을 가볍게 따돌리고 방과후 학교의 대세로 자리잡은 것이다. 만약 미국이나 유럽처럼 우리나라에서도 방과후에 다양한 스포츠 클럽활동이나 자유로운 예술 프로그램이 있다면, 정부의 말처럼 '다양한 특기적성 교육을 통해 사교육을 줄일' 수 있을지도 모른다. 하지만 교육부는 방과후 학교의 운영을, 특기적성 프로그램에 대한 노하우가 전혀 없는 학교에 일임했다. 학교는 강사를 어디에서 구해야 하는지도 모르고 프로그램을 할 장소도 마땅치 않다. 그러니 골치 아픈 특기적성 프로그램을 없애버리고 강사를

● 이정섭, 2013, 한국교원대학교

구하기도 쉬운 수학심화, 영어심화 같은 수업으로 대체한다. 특기적성 프로그램은 점점 줄어들고 교과 프로그램만 남게 된 방과후 학교는 일반 학원과 다를 바 없어진다. 방과후 학교가 아니라 방과후 보습학원이 되는 것이다. 그나마 남아 있는 43.2%의 특기적성 수업마저도 자질 있는 강사의 부족, 적당한 시설의 부족, 체계적인 시스템의 부족으로 점점 줄어들고 있는 게 현실이다.

"축구를 가르치다 보면 소질이 눈에 확 띄는 아이들이 있어요. 그런 어머니들한테는 아이가 소질이 있으니까 다른 데서 잘 가르쳐보라고 말해요. 제가 체계적으로 가르치고 싶지만 애 빼내서 과외 하는 것처럼 보이니까 그런 건 안 되거든요. 잘하는 애들을 더 잘하게 만드는 게 특기적성 교육이잖아요. 그런데 학교에는 잘하는 애들을 더 잘하게 가르칠 수 있는 시스템이 전혀 없어요. 특기를 살려줄 수가 없는 거죠." (H초등학교 축구강사)

차별에 상처받는 방과후 강사들

심리적 차별

학원 강사를 할 때 가장 어려웠던 점은, 분명 수업시간 내내 빽빽 소리를 지르며 얘기를 했는데도 수업이 끝나면 말 한마디 못한 것 같은 답답함에 숨이 막혔다는 사실이다. 수업시간에 말을 한다는 것은 대화가 아니라 문제를 설명하는 일이다. 그것은 소통과 공감이 아니라 일방적인 전달이다. 매일 8시간 동안 말은 하고 있었지만 그건 말이 아니라 그저 목소리를 사용하는 노동이었다. 이런 답답함에 미칠 것 같은 날에는 동료 강사들끼리 회포를 풀었는데 그때서야 비로소 대화를 한다는 안도감이 밀려왔다. 잠깐씩 교무실에서 만나 서로 농담을 하거나 격려를 하면서 힘을 내기도 했다. 그렇게 동료애에 기대어 목이 아픈 침묵을 견뎌냈다.

그 후 부모교육 강사가 되어 가장 힘든 점은 동료애에 기댈 수가 없다는 점이었다. 같은 일을 하는 동료와 어려움을 나누고 격려할 수 있으면 좋으련만 강사는 도서관에서 일하든 대학에서 일하든 혼자 출근하고 혼자 퇴근하는 '1인 사업자'이기 때문에 서로의 고통을 위로할 기회 같은 건 없다. 그나마 다행인건 나도, 내 수업을 듣는 사람도 모두 아이를 키우고 있는 부모라는 공감대가 있기에 강의시간에 서로 소통한다는 점이다. 강의시간에 소통이 되니 예전처럼 강의가 끝나도 가슴이 짓눌리는 느낌은 없다.

내가 가졌던 직업은 둘 다 어려움이 있었지만 둘 다 나름대로 해소할 수 있는 방법이 있었기 때문에 그럭저럭 견뎠다. 소통이 안 되는 일은 동료애가 있었고, 동료애가 없는 일은 소통이 있었다. 그런데 방과후 강사에게는 직업인이라면 누구나 가져야 할 이 두 가지가 다 없다. 말 안 듣는 아이들과의 소통 부재로 수업이 끝나면 가슴이 답답해서 미칠 것 같은데, 그 답답함을 나눌 사람 하나 없이 혼자 퇴근하는 사람들이 방과후 강사다. 방과후 강사는 학교에서 철저히 고립된 섬 같은 존재다. 학생들로부터도 학교로부터도 지지받거나 위로받지 못하고 외로운 섬으로 존재하는 방과후 강사들. 학교는 거기에 섬이 있는지 아무런 관심도 없다. 이 무관심이 방과후 강사가 느끼는 첫 번째 차별이다.

"이 학교에서 5년이나 일했거든요. 학교에서 그렇게 오래 일했으면 중견 강사잖아요. 학교 사정을 내가 선생님들보다 더 잘 안다고요. 그런데 뭐 존중이나 그런 게 전혀 없어요. 한 번은 발표회 끝나고 작품을 옮긴 적이 있어요. 그 많은 미술 작품을 나 혼자 다 옮기는 걸 보면서도 도와주겠다는 사람이 한 명도 없는 거예요. 자기들이 하라고 해서 한 행사인데. 추운 날 혼자 낑낑대는 거 뻔히 보면서도 다들 못 본 척 지나가고. 내가 교사면 그랬겠어요? 교사자격증이 얼마나 대단하기에 저러나 싶어서 화장실에서 혼자 울었어요. 서러워서." (M초등학교 미술강사)

무관심하기만 하면 그나마 다행일 텐데 많은 경우 강사는 죄 없는 죄인이 된다. 담임교사는 교실에서 쫓겨나는 것이 방과후 강사 때문이 아니라는 것을 잘 알면서도 나가면서 눈을 한 번 흘긴다. 청소 좀 제대로 하고 가라고 짜증도 낸다. 강사는 괜히 주눅이 든다. 분명 학교의 필요에 의해 수업을 하러 온 것임에도 불구하고 뭔가 죄를 지은 것 같다. 학교 행사가 있을 때나 교실을 비워 주어야 할 때는 아이들을 데리고 피난민처럼 여기저기로 옮겨 다니느라 주눅이 든다.

더군다나 교장선생님은 학부모로부터 전화라도 한 통 오면 큰일이라도 난 것처럼 방과후 강사를 몰아세운다. 그뿐인가? 학교에 방과후 강사를 위한 장소라고는 수업하는 교실뿐이니 수업 준비물이나 기자재를 보관할 곳도 없고 커피 한 잔 마실 공간도 마땅치 않다. 학교에 일찍 가게 될 경우에는 앉아 있을 곳이 없어 차 안에서 수업시간이 될 때까지 기다려야 한다. 분명 학교에 사용료를 내고 있는데도 복사기 한 번 쓰려면 교무실에 들어갈 때 이 눈치 저 눈치를 봐야 하고 아이들이 추워서 히터를 틀 때나 아이들이 덥다고 졸라서 에어컨을 틀 때도 행정실에 일일이 허락을 받아야 한다. 학교만 오면 잘못한 것도 없이 죄지은 기분이 드는 방과후 강사는 점점 학교 안에서 위축된다. 활기찬 얼굴로 아이들을 대하고 싶어도 그럴 수가 없다.

방과후 강사를 대상으로 '학교에 가장 바라는 것이 무엇인가?'라는 설문에 1위를 차지한 것이 자신들을 '교사로 인정해 달라'는 요구였다.• 급여를 올리는 것보다 방과후 강사에게 더 시급한 문제는 학교에서의 차별을 해소하는 일이다. 이렇게 학교에서 차별 받은 교사는 학부모로부터 또 한번 차별 받는다.

"엄마들과 통화를 하다 보면 '학교 선생님이나 학원 선생님이라면 이렇게 하겠나?'하는 생각이 드는 말들을 해요. 수강료 환불 같은 문제는 학교랑 얘기해야 하는 건데 저한테 소리 지르고. '싸서 보내는 거지 좋아서 보내는 줄 아느냐' 그런 말들은 서슴없이 해요. 방과후 수업료가 워낙 싸니까 방과후 교사도 같이 싸구려로 보는 거지요. 사실 열심히 준비하는 선생님들도 많거든요. 학

• 신소영, 2009, 숙명여자대학교

원 선생님보다 훨씬 실력 좋은 선생님들이 방과후 학교에 얼마나 많은데요. 환경이 그렇게 안 되니까 마음처럼 못 해주는 거지. 엄마들한테 전화 한 번 받으면 일할 마음이 싹 없어져요." (H초등학교 영어강사)

엄마들은 수업료와 수업의 질을 같은 선상에 놓고 평가한다. 방과후 수업 수강료가 워낙 싸니까 못 미덥고, 못 미더운 수업을 하는 선생님도 못 믿는다. 비싼 학원 선생님과 싼 방과후 선생님은 엄마들 마음속에서는 같은 선생님이 아니다. 엄마들의 이러한 생각은 아이들에게 고스란히 전해진다. 그러므로 가장 직접적인 차별은 바로 자신이 가르치는 아이들에게서 받는다.

아이들은, 학교는 절대 그만둘 수 없고 학원도 쉽게 그만둘 수 없지만 방과후 수업은 가기 싫다고 조르면 얼마든지 그만둘 수 있다는 것을 잘 알고 있다. 여차하면 그만두면 되기 때문에 학교 선생님이나 학원 선생님한테는 절대로 하지 못할 행동을 방과후 선생님한테는 함부로 한다. 욕하고 무시하고 수업을 방해하면서 학교나 학원에서 받은 스트레스를 방과후 강사에게 배출한다. 아이가 아무리 심한 행동을 해도 방과후 강사는 그냥 넘어간다. 아이를 야단쳐서 문제가 생기면 가장 골치가 아픈 것은 자신이기 때문이다. 방과후 선생님은 학교나 학원 선생님과는 달리 절대 나를 야단치거나 벌주지 않는다는 것을 아는 아이들은 무서운 게 없다.

"걔네들이 우리를 선생님이라고 부르기는 하는데, 우리가 선생님인가? 우리가…… 우리가 선생님이 아니죠, 걔네한테." (H초등학교 역사논술 강사)

아이가 그만둔다고 협박을 하길래 어찌된 일인가 엄마에게 전화를 하면 엄마들이 하는 말은 언제나 "학원 시간과 겹쳐서 어쩔 수가 없어요"다. 항상 학원수업에 밀리고 늘 엄마들과 아이들에게 무시당하며 매일 학교에서 눈치를 봐야 하는 생활을 계속하다 보면 교사로서의 자존감은 점점 낮아진다. 수업을 처음 시작할 때 아이들에게 좋은 선생님이 되어야겠다고 다짐한 마음은 온데간데 없어지고 이 일을 계속해야 할지 고민하는 날이 점점 늘어간다.

방과후 강사의 경력이 짧을 때는 자신의 일이 중요하고 의미있다고 생각하는 비율이 높았다가 강사의 경력이 오래될수록 자신의 일에 회의를 느끼는 비율이 높아지는 것●은 그들 주변의 누구도 방과후 강사를 '선생님'으로 인정해주지 않기 때문이다.

"저희 학교는 대체로 선생님들이 친절하신 편이에요. 저는 크게 기분 나쁘거나 그랬던 적은 없는데, 다른 사람들 얘기를 들어

● 마현주, 2012, 전북대학교 교육대학원

보면 교무주임 선생님한테 삿대질 당한 경우도 있고, 애들 앞에서 학부모한테 야단맞은 경우도 있대요. 방과후 교사의 입장을 대변해 줄 곳이 전혀 없으니까 억울한 일이 생겨도 그냥 참고 넘어가는 것밖에 방법이 없는 게 가장 큰 문제라고 생각해요. 애들은…… 착한 애들도 많은데, 방과후 교사가 '을'이라는 것을 너무 잘 알고 있는 일부 영악한 아이들이 문제예요. 차마 입에 올리기 힘든 욕도 해요. 만약에 학원이라면 원장한테 얘기해서 그 애를 자르자고 하면 되지만 방과후는 그럴 수도 없잖아요. 방과후 교사 3년 하면 득도해서 몸에 사리가 생긴다는 말도 있어요(웃음)."
(K초등학교 바이올린 강사)

고용불안

가르치는 것을 업으로 삼는 사람이라면 누구나 자신의 수업의 질을 높이기 위해 노력할 것이다. 그런데 이 노력이라는 것은 내년에도 후년에도 계속 이 일을 할 수 있다는 확신이 있을 때 가능하다. 몇 달 후에 일을 그만둘지도 모르는데 좋은 교육프로그램을 짜는 머리 아픈 일을 누가 하겠는가?

전국의 모든 방과후 강사들은 내년에도 이 일을 할 수 있을지 확신할 수가 없다. 내년에 학교가 계속 수업을 하자고 제안하면 좋겠지만 그만두라고 하면 아무런 이의를 제기할 수 없다. '강사는 계약 기간 1년이 만료되면 자동으로 계약 해지'●라는 계약서 조항 때문이다. 그밖에도 '학생이나 학부모와 불미스러운 일이 발생했을 때, 학부모나 학생이 강사 교체를 원할 때, 기타 해지 사유가 발생하였을 때'와 같이 강사에게 일방적으로 불리한 수많은 이유로 잘릴 수 있다. 물론 강사 수급이 어려운 학교가 별 문제를 일으키지 않고 열심히 수업을 하는 강사를 이유 없이 자르지는 않는다. 내년에 새로운 강사가 지원을 하더라도 되도록 익숙한 선생님을 뽑으려고 하는 것이 보수적인 학교의 분위기다. 하지만 조금이라도 스펙이 좋은 선생님이 오면 자격증이나 학력에 따라 차등을 두는 심사 방식 때문에 밀려날 수밖에 없다. 만약 학교가 방과후 학교를 위탁기관에 맡기면 이제까지 아이들을 열심히 가르치던 모든 선생님이 한꺼번에 그만두는 일도 발생한다.

"예전에는 한 번 고용되면 계속 계약을 했어요. 큰 문제를 일으키지만 않으면요. 그런데 법이 바뀌어서 지금은 매년 서류접수와 면접을 다시 봐요. 매년 졸업증명서, 자격증 서류, 신체검사서, 자기소개서 등을 다 다시 내야 되고 면접도 다시 보고요. 그런데 어떤 지원자가 올지 모르니까 제가 된다는 보장이 없잖아요. 애들하고 정도 많이 들고 그랬는데 잘리면 다 소용없죠. 매년 방과후

● 2012, 서울시 방과후 학교 길라잡이

실직자가 1만 명씩 생긴대요. 저도 올해는 고용됐지만 내년에는 실직자가 될지도 모르죠." (H초등학교 영어강사)

가장 불합리한 것은 '학생이나 학부모와 불미스러운 일이 발생했을 때, 학부모나 학생이 강사 교체를 원할 때 계약을 해지한다.'•는 규정이다. 아이가 집에 가서 '방과후 선생님이 억울하게 나만 야단쳤다'거나 '잘못도 안 했는데 벌을 세웠다'라고 자기 입장에서 이야기하면 열 받은 엄마가 당장 교장실로 전화를 한다. 불만을 접수한 교장 선생님은 아이가 잘못한 것을 알더라도 담당 선생님과 재계약을 할 수 없다. 계약조항 때문이다. 매년 별 잘못이 없이도 학교의 일방적인 통보로 계약이 해지되는 25%의 방과후 강사들에게•• 노동법상의 보호 같은 것은 먼 나라 이야기다.

학교는 고용을 보장해주지는 않으면서 방과후 학교에 대한 실적은 강사에게 떠넘긴다. 수강 인원을 늘리라는 압력을 주는 것이다. 인원이 많은 수업은 개강하고 인원이 적은 수업은 폐강한다는 단순한 원칙을 모든 수업에 적용하다 보니 적은 인원으로 질 높은 교육을 하는 것은 점점 멀어진다.

"교실 키를 갖다놓으러 교무실에 갔다가 교감 선생님이랑 마주

• 2012 서울시 방과후 학교 길라잡이

•• 이정섭, 2013, 한국교원대학교

칠 때가 있어요. 제가 교육청 우수교사로 뽑혔기 때문에 교감 선생님이 저를 아시거든요. 그래서 인사를 하면 대번에 물어보세요. '샘, 이번 학기 몇 명이에요?' 열여섯 명이라고 대답하면 '다음 학기는 스무 명 찍읍시다.' 이래요. 논술수업을 어떻게 스무 명 앉혀 놓고 하냐고요. 마음 같아서는 열 명만 하고 싶은데 학교에서 안 된다고 해서 다 받은 건데. 열여섯 명도 많거든요. 스무 명 앉혀 놓고 수업 못한다, 그런 건 학교에서 신경도 안 써요. 그냥 인원이 몇 명이냐 이것만 중요해요. 맨날 '다음에는 더 분발하자' 이런 말 들으면 기분이 어떤 줄 아세요? 내가 무슨 보험회사 직원인가? 물건 파는 사람인가? 그런 생각이 들어요.

교장 선생님이 로봇이나 악기 선생님들한테 대회 나가서 큰 상도 좀 타오라고 그런 말도 많이 해요. 그래야 다음 학기 계약하겠다는 뉘앙스를 풍기면서. 그래서 교무실 갈 때는 교장 교감 안 만나려고 바람같이 갔다 와요(웃음)." (H초등학교 역사논술 강사)

낮은 월급

대부분 강사의 월급은 아이들이 내는 수강료로 책정된다. 그러니 아이들 인원 수가 강사의 수입인 것이다. 물론 강사의 수입은 천차만별이지만 방과후 강사 중 누구도 자신의 수입에 만족할 수가 없다. 수입에 비해 하는 일이 너무 많기 때문이다. 방과후 강사는 수업만 하는 것이 아니다. 매일 일지를 쓰고, 매주 수업계획안을 작성하고, 결석한 아이가 있으면 엄마한테 전화해 출결을 확인하고, 결석한 아이 보충시키고, 학교 게시판에 활동사진 올리고, 각종 대회에 나가 상도 타게 해야 할 뿐만 아니라 모든 아이들의 평가서도 가정으로 보내야 한다. 엄마들과의 상담과 각종 공문 발송, 수업 홍보도 해야 한다. 매 학기마다 실시되는 공개수업이나 학예회, 전시회, 페스티벌 준비는 별도다. 그러나 이 모든 과중한 업무를 짊어지고 받는 급여는 연봉 천만 원이 넘지 않는 경우가 대부분이다.•

월급이 150만원이 넘는 강사는 고작 9.4%에 불과하지만 이 비율도 점점 줄어들 가능성이 높다. 교육부에서는 방과후 수업을 늘리라고 각 학교에 계속 압력을 가하고 있고 매년 1만여 개의 수업이 늘어나고 있는 실정이기 때문이다. 수업을 듣는 아이들은 정해져 있는데 이 아이들을 나누어 가져야 하니 한 반에 들어오는 학생은 점점 줄어든다. 아이들 수강료에 의존해야 하는 강사의 수입은 점점 낮아질 수밖에 없다. 그런데 문제는 이 수강료조차 제 날짜에 받을 수 없다는 것이다. 한 번에 모든 아이의 수강료를 일괄 처리하는 학교 방침 때문에 방과후 수업을 듣는 수백 명의 아이들 중 한 명이라도 수강료 입금이 안 되면

• 방과후 강사의 월급을 조사한 결과에 의하면 50만원 이하가 15.6%, 50~100만원이 46.8%, 100~150만원이 28.2%, 150만원 이상은 9.4%였다. 이은화, 2010, 건국대학교 교육대학원

강사 월급은 지급이 안 된다.

"스쿨뱅킹으로 돈이 들어오는데 엄마들 통장에 잔액이 없으면 수업료 출금이 안 되잖아요. 그럴 수도 있잖아요. 어쩌다 보니까 통장에 돈이 딱 없을 때. 그러니까 수업료를 제때 안 내는 아이들이 많단 말이에요. 그럼 행정실에서 연락이 와요. '이번에 선생님 수업 세 명 미입금입니다' 하고. 그럼 엄마들과 돈 얘기를 해야 해요. 이거 진짜 싫은데, 하여간 얘기를 하면 엄마들이 '알았다 보내겠다' 하고는 또 잊어버리고 안 보내는 경우가 있거든요. 그런 엄마 때문에 행정실 업무가 진행이 안 돼요. 수업이 열 개가 넘고 한 반에 또 20~30명씩 있는데 그 많은 애들 중에 누구 하나라도 돈을 안 내잖아요? 그럼 모든 강사의 월급이 올 스톱이에요. 행정실에서 결산을 못 하니까. 행정실이 하는 일이 그래요. 행정실도 뭐 다 사정이 있겠지만…… 지금 11월이죠? 10월에 일한 걸 11월 말에 받을 수 있으려나? (잠시 생각하다가) 아무래도 못 받을 것 같아요." (H초등학교 역사논술 강사)

최저 생계비에도 못 미치는 월급을, 정해진 날짜에조차 받을 수 없는 방과후 강사에게 '방과후 강사'라는 직업은 생계유지의 수단이 되지 못한다. 언제 들어올지 모르는 월급으로는 생활을 할 수 없기 때문이다. 그런데 이게 끝이 아니다. 많지도 않은 방과후 강사 월급 중 6~7%는 '수용비' 명목으로 학교에 내야 한다. 수용비는 강사가 학교 기자재와 전기를 쓰기 때문에 의무적으로 내야 하는 돈이다. 하지만 '수용비의 사용 용도에 대해 알고 있는가?'에 대한 설문조사에서 '모른다'고 응답한 강사가 38.6%나 됐고● 심지어 학교에서조차 이 비율이 적정한지에 대한 데이터가 없다. 강사들은 어디에 쓰이는지도 모르는 채 자신의 월급을 빼앗긴다.

그래도 학교와 직접 계약을 한 선생님은 사정이 나은 편이다. 빽도 없고 연줄도 없고 스펙도 화려하지는 않지만 그저 아이들을 가르치는 게 좋아서 방과후 강사가 되기를 결심한 선생님은 제 힘으로 학교를 뚫고 들어가는 것이 불가능하다는 사실을 깨닫고 업체 소속으로 들어간다. 업체에 고용된 강사는 이 얄팍한 수입을 다시 업체와 나눠야 한다. 업체는 강사를 학교에 파견하는 대신 일반적으로는 30%, 많게는 40%나 되는 엄청난 수수료를 가져간다. 반토막 난 월급을 손에 쥔 강사는 일을 할수록 자신의 노동력이 착취당한다고 느낀다. 뿐만 아니라 학교와 업체는 최저 비용 투자로 최고 효율을 만들어낸다는 회사의 경영방침을 방과후 학교 현장에 그대로 적용한다. 투자비가 가장 많이 드는 방과후 강사의 월급을 깎아 더 많은 수업을 창출한다는 경제관은 저임금에 허덕이는 강사들을 더욱 좌절시킨다.

● 이은화, 2010, 건국대학교 교육대학원

"제가 상담도 열심히 하고 수업 준비도 잘해서 애들이 많이 늘었거든요? 그랬더니 같은 수강료에 수업을 늘리라고 압력을 주더라고요. 일주일에 1회 3만원 하던 것을 일주일에 2회 3만원으로 하라고. 나도 다 스케줄이 있는 사람이고 다른 수업도 있는 사람인데 그런 억지가 어딨어요? 그리고 이게 무슨 1+1 마트 상품도 아니고, 애들 가르치는 일인데 어떻게 교육비를 덤핑을 칩니까? 학교도 평가를 받아야 하니까 어쩔 수가 없다지만 너무하잖아요. 저는 그렇게는 못 한다고 했어요. 수업 못 하겠다고. 그랬더니 담당 선생님한테 욕을 얼마나 먹은 줄 아세요? 은혜를 원수로 갚느니 어쩌니 하면서…… 저는 다시는 방과후 강사 안 할 겁니다. 그냥 학원이 편해요." (전(前) 방과후 과학강사)

아이들이 진정 원하는 방과후 학교

또 다른 이름의 사교육에 내몰리는 아이들

40대 이전 세대들에게는 공통의 기억이 있다. 날이 어둑해질 때까지 다방구나 얼음땡, 고무줄이나 술래잡기 같은 놀이를 하고 있으면 어디선가 "아무개야 들어와서 밥 먹어라!" 하는 소리가 들렸다는 것이다. 그때는 학교가 끝나면 책가방을 집어던지고 딱지나 구슬, 공기나 고무줄로 주머니를 불룩하게 해서는 이 동네 저 동네의 이 골목 저 골목을 돌아다녔다. 밥 먹으라는 엄마의 목소리에 하나씩 친구들이 집으로 돌아가도 아이들은 마지막 한 명이 남을 때까지 죽기 살기로 놀았다. 그래서 그때는 왕따나 학교폭력이라는 말이 없었다. 아동 우울증이나 청소년

자살, ADHD라는 말도 존재하지 않았다. 선생님이나 부모님한테 맞는 아이가 지금보다 훨씬 많았고 가정폭력이나 가난도 지금보다 훨씬 심했지만 놀이가 이 모든 문제를 해결해주었다.

대학원에서 교육학을 공부하면서 만난 루소나 피아제나 프뢰벨 같은 교육학의 대가들 역시 하나같이 입을 모아 아이들을 놀게 하라고 말했다. 실컷 놀면서 삶을 경험하게 하는 것, 그 가운데 스스로의 재능을 발견하도록 돕는 것이 어린이를 위한 가장 좋은 방법이라고 말이다. 심지어 루소는 '12세 이전에는 책을 읽히지 말라'는, 한국 엄마들이 들으면 기절할 얘기도 했다.

그들이 '아이들을 놀게 하라!'고 주장한 이유는 명백하다. 어른들이 보기에 그저 시간을 낭비하고 있는 것 같은 놀이가 아이의 성장에 없어서는 안 될 필수 요소이기 때문이다. 놀이를 통해 아이는 사회성을 배운다. 사실 성인인 우리가 타인과 관계 맺는 방식은 거의 대부분 어린 시절에 습득한 것이다. 다른 사람과 애정을 주고받는 방식, 타인과 소통하는 방법은 절대적으로 어린 시절에 습득되는 것들이다. 집중력이나 기억력같이 공부와 직결되는 능력도 많은 부분이 놀면서 키워진다. 놀이는 아이에게 존재의 이유다.

그러나 자신이 어린 시절에 놀면서 보낸 것은 까맣게 잊어버리고, 어릴 때부터 열심히 공부해야 된다고 생각하는 부모 세대들 때문에 지금의 아이들은 놀지 못한다. 놀지 못했으므로 타인과 소통하는 방법을 배우지 못하고, 타인과 내가 생각이 다를 때 어떻게 해야 하는지도 모른다. 그래서 아이들은 친구를 왕따 시키고 교사에게 욕을 한다. 놀지 못하고 책상이 붙들려 보낸 시간에 대한 분노를 친구를 때리면서 표출하기도 하고 심지어 자살의 방법을 택할 때도 있다.

아이들의 건강한 성장을 막는 것이 과도한 사교육이라고 확신한 교육 당국은 방과후 학교를 확대하면 사교육이 줄어들 것이라고 생각했다. 학교가 사교육을 대신해주니 엄마들이 학원을 덜 보낼 거라고 기대했던 것이다. 그러나 방과후 학교를 아무리 확대해도 사교육은 전혀 줄지 않았다. 한국교육개발원의 조사에 따르면 방과후 학교 참여로 사교육비가 많이 줄었다는 학부모 응답은 9.2%에 불과했다. 약간 줄었다는 응답은 16.7%였다. 64.3%의 학부모는 전혀 변함이 없다고 대답했고 오히려 사교육비가 늘었다는 응답도 9.8%였다.●

그런데 의아한 것은 사교육이 줄지 않았는데도 방과후 학교 학생 수가 빠른 속도로 늘어났다는 점이다. 사교육은 전혀 줄어들지 않았는데 방과후 학교 참여 인원이 점점 늘어난 것은 도대체 어찌 된 일일까? 이 이상한 결과는 원래 학원만 다니던 아이들이 방과후 수업까지 중복해서 다니면서 만들어졌다. 예전에는 학원만 다니던 아이가 이제는 학원에다 방과후 학교까지 다니는 이중고를 겪게 된 것이다. 실제로 방과후 학교에 참여하면서 사

● 2012, 한국교육개발원

교육을 별도로 받는 학생은 80.3%에 달했다.●

방과후 학교가 생기기 전에는 일주일에 한 번 학원에 안 가는 날은 그나마 친구들과 놀 수 있었다. 그런데 지금은 그 시간에 방과후 수업을 들어야 한다. 학원만 다닐 때는 학원 끝내고 집에 들어가면 7시였는데 방과후 수업을 마치고 학원에 가다보니 9시가 되어서야 집에 들어갈 수 있다. 방과후 학교가 사교육을 줄일 것이라는 교육 행정가들의 기대와는 정반대로 오히려 방과후 학교 때문에 아이들의 사교육 노출 시간이 길어진 것이다.

학교가 끝나면 방과후로, 방과후가 끝나면 학원으로, 놀지는 못하고 계속 학습만 강요받는 아이들은 화가 쌓인다. 체력적으로도 너무 지친다. 공부시간에도 공부하고, 방과후 수업에서 또 공부하고, 학원에서 다시 공부하다 보면 몸은 피곤하고 가슴은 터질 것 같다. 아이들은 배우는 것을 그만하고 싶다. 배우는 것은 그만하고 그냥 쉬고 싶다. 그러나 그럴 수 없다.

학교가 끝나면 방과후로, 방과후가 끝나면 학원으로, 놀지는 못하고 계속 학습만 강요받는 아이들은 화가 쌓인다. 체력적으로도 너무 지친다. 출처 http://cafe.naver.com/together

● 2013, 이정섭, 한국교원대학교

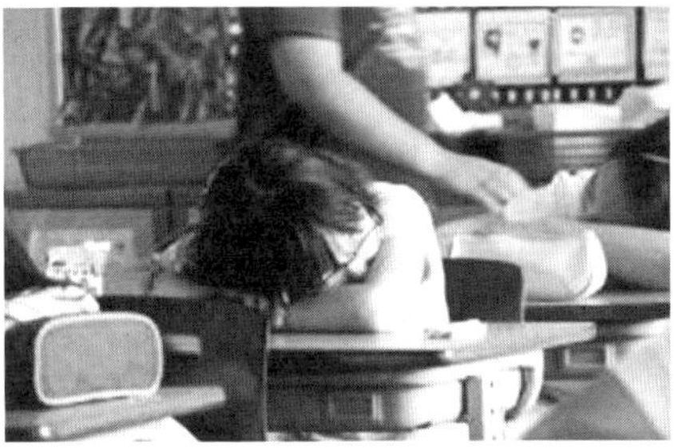

공부시간에도 공부하고, 방과후 수업에서 또 공부하고, 학원에서 다시 공부하다 보면 몸은 피곤하고 가슴은 터질 것 같다.

"학생들을 보면 저한테 방과후 수학수업을 받는다고 해서 수학학원을 끊은 게 아니더라고요. 아무래도 학교 선생님이 가르친다고 하니까 엄마들이 솔깃해서 보낸 것 같아요. 그러면서도 학원을 안 보내기는 영 불안하고…… 수준별 수업이나 일대일 지도가 잘 안 되는 것 같으니까 학원을 계속 보내더라고요. 반신반의하면서 방과후 수업을 보내고, 또 방과후를 완전히 믿지는 못하니까 학원도 보내고. 그러면 학교 숙제에 방과후 숙제에 학원 숙제까지 아이들이 삼중고를 치르지요. 학교수업 끝나고 바로 제 수업에 와서 듣다가 수업 끝나기 15분 전에 수학학원 가야 된다고 나가는 아이도 있거든요. 마음 같아서는 제 수업을 그만두라고 하고 싶지만 그럴 수도 없잖아요."(K초등학교 교사)

흥미 위주로 진행되는 방과후 수업

아이들은 체력적으로 완전히 방전된 상태로 방과후 수업에 들어온다. 지친 아이들에게 활기찬 수업을 기대할 수는 없다. 그런데 더욱 심각한 문제는 체력적으로 지친 아이들이 '아무 때나' 방과후 수업에 들어온다는 사실이다. 학원 수업은 아이들이 학원 차를 이용하기 때문에 한꺼번에 몰려들어왔다가 빠져나간다. 그런데 방과후 수업은 청소하는 아이, 벌 서는 아이, 보충학습을 하는 아이들이 각자 자기가 끝나는 시간에 시도 때도 없이 수업에 들어온다. 그러니 정해진 시간에 모든 아이들이 함께 수업을 시작하는 것은 불가능에 가깝다. 수업을 하고 있는 중간에 불쑥불쑥 아이들이 들어오고 몇몇 아이들은 학원차를 타야 한다고 수업이 끝나기도 전에 나간다. 끊임없이 들락날락하는 아이들 때문에 어수선한 분위기는 잡힐 줄 모른다.

이런 어수선한 분위기에 가장 치명타를 날리는 것이 바로 아이들의 핸드폰 사용이다. 정규 수업시간에는 핸드폰 사용이 불가능하지만 방과후 수업은 담임교사한테 뺏겼던 핸드폰을 돌려받아들고 오는 시간이다. 그동안 참았던 게임과 카톡을 가장 집중력 있게 하는 시간이 바로 이 시간이다. 방과후 수업시간에 핸드폰을 하면 수업이 불가능하기 때문에 방과후 선생님은 핸드폰을 뺏고 싶지만 '선생님이 무슨 상관이냐!'는 아이들의 반발을 도저히 당해낼 재간이 없다. 이 문제로 아이들과 실랑이를 벌이다보면 한 시간이 금방 지나가버리니까 핸드폰 사용을 방관할 수밖에 없다. 교사는 "핸드폰 집어넣고 수업 좀 들어라!"라는 이야기를 입에 달고 살지만 승리는 언제나 수업보다 훨씬 재미있는 핸드폰 게임의 차지다.

이렇게 엉망인 분위기를 그대로 놔두고 볼 수 없자 선생님은 아이들을 집중시키기 위해 원래 가지고 있던 수업계획안은 집어치우고 아이들이 좋아하는 게임이나 아이들이 원하는 흥미 위주의 수업으로 시간을 채운다. 그렇게라도 하지 않으면 아이들을 통제할 수 없기 때문이다. 게임을 하고 퀴즈를 내는 것은 아이들을 수업에 적극적으로 참여하게 하는 좋은 방법이 될 수 있다. 하지만 이것은 어디까지나 방법일 뿐이다. 게임이나 퀴즈가 수업 내용이 될 수는 없다. 그런데도 방과후 수업은 아이들을 집중시키기 위해 점점 수업의 목적과 다르게 진행된다.

컴퓨터 선생님은 아이들이 빨리 진도를 끝내면 나머지 시간에는 게임을 하게 해주고 다음 학기에 재등록을 하면 게임 CD를 주는 것으로 보상을 한다. 논술 선생님은 독후감 숙제를 대신 해주고 아이들을 조용히 시키기 위해 영화를 보여주는 선생님도 있다. 선생님이 무성의해서라기보다 이렇게라도 하지 않으면 도저히 산만한 아이들을 다룰 수가 없기 때문이다.

이렇게 수업 내용이 변경되어도 학교는 방과후 강사가 어떤 수업을 하는지 확인하고 체크하지 않는다. 확인하고 지적하는 사람이 없으니 수업은 점점 파행되어간다. 수업이 파행되어도 학교가 개입하지 않으니 해결 방법이 없다. 학교가 체크하는 것은 방과후 강사가 제 시간에 출근을 하는지, 수업을 펑크 내지는 않는지 정도다. 강사에 대한 불만이 교장실로 직접 전달되지 않는 이상 학교에서는 수업에 전혀 관여하지 않고 오로지 강사에게 모든 것을 일임한다.

물론 강사는 수업을 시작하기 전에 강의계획서라는 것을 제출하고 이 강의계획서를 검증받는다. 시범강의를 면접에 포함시키는 학교도 있다. 하지만 아무리 강의계획서가 뛰어나고 시강을 잘하는 강사라 하더라도 이 강의계획서대로 강의를 하는지를 학교는 살펴보지 않는다. 강의계획서를 매달 내든 매주 내든 마찬가지다. 그 강의계획서는 단지 평가의 지표일 뿐 실제 수업에서는 아무런 의미가 없다. 특히 요즘에는 방과후 강사를 위해 강의계획서를 대신 써주는 업체도 성행하고 있으니 좋은 수업은 점점 먼 이야기가 된다.

"저는 우쿨렐레를 배우는데요. 처음에는 쉬는 시간이 10분이었거든요. 근데 남자애들이 술래잡기 한다고 쉬는 시간을 길게 달라고 해서 지금은 20분 쉬어요. 쉬는 시간이 길어서 싫은 건 아니지만 그래도 쉬려고 가는 건 아니잖아요. 많이 쉬면 배우는 시간이 짧아지니까 그게 좀 아쉬워요."(K초등학교 5학년 학생)

전국의 8만 명이 넘는 방과후 강사들 중에서는 최선을 다해서 방과후 수업의 질을 높이려고 노력하고 있는 분들도 많다는 것을 안다. 그 선생님들은 아이들에 대한 애정과 직업에 대한 열의로 열심히 수업을 한다. 하지만 그런 선생님이더라도 사람이기 때문에 시간이 가면 갈수록 각오는 해이해지고 아이들과도 계속 문제가 생긴다. 처음의 결심과는 달리 수업은 엉망이 되어간다. 그러나 선생님은 상의할 사람이 없다. 해결책을 알려주는 사람도 없다. 그래도 수업은 계속된다.

> "아이들이 집중을 안 하니까 자꾸 뭘 보여주거나 게임을 해야 돼요. 그때만 잠깐 집중하거든요. 그런데 이게 문제가 뭐냐 하면 애들이 계속 '게임 언제 해요? 오늘은 선물 없어요?'한다는 거예요. '오늘은 선물 없어'하면 '에이 그럼 자야겠다'하고 엎드려 자는 아이도 있고, '겨우 과자 줘요? 컴퓨터 선생님은 문화상품권도 주는데.' 이런 아이들도 있어요. 애들은 나를 뭐 주는 사람으로 알고 있는데 내가 왜 이걸 하고 있나 그런 생각 들 때도 많아요."
> (H초등학교 영어강사)

이런 문제를 개선하기 위해 학교는 아이들에게 수업평가 설문조사를 한다. 하지만 설문조사는 늘 설문조사로만 끝난다. 아이들과 학부모에게 '강사 평가를 나쁘게 주었을 때 수업에 변화된 점이 있습니까?'라고 질문하자 '수업에 변화가 있었다'라고 답한 응답자는 31.2%였던 반면 '없다'라고 답한 비율은 62.4%에 달했다.● 수업이 불만이어서 '수업에 이런저런 문제가 있다'라고 지

● 이은화, 2010, 건국대학교 교육대학원

적을 해도 개선이 안 되는 것이다. 사실 학교는 수업에 문제가 있다는 의견이 많은 강사 한두 명과 재계약을 안 하는 것 말고는 어떻게 이 문제를 해결해야 하는지 모른다. 수업이 파행이 되는 것을 막는 것은 다시 강사 개인의 문제가 된다.

만일 강사에게 수업을 전적으로 맡기려면 좋은 수업을 했을 때 그 노력을 보상해야 한다. 그래야만 자신의 수업을 책임지려는 동기가 부여되기 때문이다. 하지만 '강사 평가를 좋게 받았을 때 강사 입장에서 변화된 점이 있습니까?'라는 질문에 82.6%의 압도적으로 높은 수의 강사가 '없다'라고 대답했다.● 학교는 교육청에서 하라는 대로 설문조사는 열심히 하지만 좋은 평가를 받은 교사가 있어도 칭찬하지는 않는다. 심지어 설문조사 결과를 해당 강사에게 전달하지 않는 경우도 있다. 그런 걸 하기에는 학교에 산적한 업무가 너무 많다.

학교에서 해결할 길 없는 방과후 강사의 역량 강화를 위해 각 시·도 교육청에서는 방과후 강사들의 연수를 진행한다. 그런데 이 연수는 대부분 과목에 상관없이 지역별로 모여 대강당에서 한꺼번에 이루어진다. 수십 개 과목의 강사를 한꺼번에 모아놓고 하는 강의에서 수업에 필요한 실질적인 정보를 얻을 수는 없다. 학교 교사 연수는 워낙 다양하게 이루어지기 때문에 자신에게 필요한 연수 프로그램을 골라서 들을 수 있다. 하지만 방과후

● 이은화, 2010, 건국대학교 교육대학원

강사는 그냥 몇월 며칠 연수 있으니까 오라는 통보를 받는다. 교육청은 강사가 연수에 참여했는지는 열심히 체크하면서도 강사에게 실질적으로 필요한 연수 프로그램을 만드는 데 대한 치열한 고민은 없다. 방과후 강사에게 연수란 학교에서 가라고 하니까 억지로 참여해 방과후 시범학교 교장 선생님의 지루한 강의를 한두 시간 듣고 오거나 모범 수업을 ppt로 보고 오는 게 전부다. 출석체크 때문에 안 갈 수도 없고 가봐야 들을 것도 없는 것이 지금의 방과후 강사 연수다.

엄마들은 왜 방과후 학교를 믿지 못하는가?

낮은 수준의 교육 서비스

엄마의 굳건한 의지로 내 아이는 학원을 전혀 다니지 않고 6학년이 되었다. 어릴 때부터 "학원에 가지 않고 친구들이랑 노는 게 너한테 더 좋다."는 이야기를 계속 들었기 때문인지 시험을 못 봐도 학원을 가야 한다는 생각은 안 하는 것 같다. 학원은 전혀 안 다닌 아이지만 방과후 학교는 잠깐씩 다녔다. 저학년 때는 핑크색 발레복 입은 친구가 부러워 발레를 몇 달 배웠고 4학년 때는 친구가 가니까 같이 가겠다고 졸라서 컴퓨터 수업을 들었다. 한 학기 가다가 말았는데 왜 그만뒀는지도 정확하게 기억이 안 나는 걸 보면 고민하다가 끊은 건 아닌가보다. 그때 우리

딸애하고는 이런 말을 했다.

"방과후 수업 재미있어?"

"응"

"뭐 배우는데?"

"컴퓨터"

"컴퓨터 뭐?"

"그냥 컴퓨터."

컴퓨터 수업이니까 컴퓨터를 배우지 다른 말이 뭐 필요 있느냐는 생각을 아이만 한 게 아니라 컴퓨터 선생님도 하셨나보다. 컴퓨터 수업에서 어떤 것을 어떤 식으로 배우는지 선생님으로부터 전혀 듣지 못했고 끝내 묻지도 못한 채 그만뒀다. 만약 댄스나 줄넘기같이 실력의 증가를 수월하게 알 수 있는 과목을 배웠다면 좀 나았겠지만 논술이나 컴퓨터 같은 과목은 실력이 늘었는지 확인할 방법이 없다. 미술이나 악기수업을 오래 보냈는데 왜 실력이 늘지 않는지 모르겠다고 토로하는 엄마들도 많다.

수업에 의문이 생겨도 엄마는 물을 곳이 없다. 엄마에게 수업의 내용을 자세하게 안내해주는 사람이 없기 때문이다. 엄마가 아이의 방과후 수업에 대해 궁금한 게 생기면 그저 '재미있냐?'고 묻는 것밖에는 방법이 없다. 아이에게 도움이 되는지 모르며 아이가 변화하고 있는지도 모르겠고 더군다나 선생님이 어떤 사람인지 전혀 모르는 엄마들의 궁금증을 해결해주는 사람은 없다.

"학교가 홍보를 너무 안 해. 사실은 정보가 너무 없어서 선택을 할 수가 없어요. '방과후 선생님이 어떤 선생님이시다' 학교에서 알려주거나 수업을 이렇게 진행할 거다 이런 안내가 있어야 되잖아요. 학원은 원장 선생님이 자세하게 얘기를 해주잖아요. 그렇게는 못해줄망정 적어도 엄마가 '아, 이 수업은 이렇게 진행될 거고, 이런 선생님이 가르치는구나. 배우면 어떤 점이 좋겠구나.' 이런 정도는 알아야지. 그냥 종이 한 장에다가 무슨 수업, 몇 시부터 몇 시까지 등록날짜 언제, 이렇게만 딱 적어서 보낸다고요. 나는 그게 좀 괘씸할 때도 있다니까."(M초등학교 학부모)

방과후 학교는 학원보다 쉽게 선택하지만 또 그만큼 쉽게 그만둔다. 일단 수강료가 3만원 내외라 쉽게 선택할 수 있다. 한 달에 몇 십만 원하는 학원보다 부담이 훨씬 적다. 경제적 부담이 적다는 것이 방과후의 가장 큰 장점이라고 정부는 말한다. 하지만 교육은 옷이나 음식이 아니다. 자식의 미래를 좌우할 교육을 싸다고 선택하는 엄마는 없다. 교육에서 '싸다'는 것은 경쟁력이 될 수 없다. 정부는 수업료를 싸게 하면 마트나 백화점 세일에 목숨 거는 엄마들이 환호할 것이라고 생각하고 수업료를 무조건 싸게 동결하고 있지만 엄마들이 방과후 학교를 선택하는 것은 싸기 때문이 아니다.

엄마들이 방과후 학교를 선택하는 것은 그것이 공교육 안에서 이루어진다는 믿음 때문이다. 능력이 검증된 선생님들로부터 안전하고 평등하게 교육받는다는 믿음 말이다. 다시 말해 방과후 학교가 학원과 경쟁하려면 그저 싸다는 것에 승부를 걸어서는 안 된다. 사교육이 갖지 못했지만 방과후 학교가 가진 장점, 즉 '공교육 안에서 이루어진다'는 신뢰를 엄마들로부터 회복해야 한다. 그러나 방과후 학교는 스스로 이 신뢰를 무너뜨리고 수강료가 싸니까 참으라고 말한다.

"토요 방과후 우쿨렐레를 배우는데 우쿨렐레를 보낼 때는 기대가 좀 있었어요. 잘 배워 와서 간단한 건 연주도 하고 좀 그러면 좋겠다. 그런데 두세 번 보내보고 아, 내가 착각했구나 했죠. 한 반이 스물일곱 명이라는데 무슨 수업이 되겠어요. 더군다나 우크렐레를 대여해서 쓰는데. 한 시간 동안 한 번 만져나 볼까? 그냥 한두 번 띵가띵가 울려보고 오겠지 뭐. 그래서 애한테 그랬어요. 진짜 우크렐레를 배우고 싶으면 차라리 학원에 가자. 그랬더니 애가 친구들하고 노는 게 좋아서 그냥 가겠대요. 그래서 그냥 놀라고 보내요." (K초등학교 학부모)

예체능 과목은 한명 한명의 변화를 세밀하게 관찰해야 하고 개별적으로 지도해야 한다는 점 때문에 학원비가 특히 비싸다.

영어 수학 학원비 내기에도 힘에 부쳐서 예체능 학원은 엄두를 못 내던 엄마들은 저렴한 가격에 학교 안에서 다양한 예체능 교육을 받을 수 있는 방과후 학교를 열렬히 환영했다. 하지만 방과후 예체능 수업은 한명 한명의 향상되는 과정을 세밀하게 관찰하고 개별적으로 지도하기에 아이들이 너무 많다. 많은 인원을 한 선생님이 가르치다보니 수준별 수업 역시 엄두를 낼 수가 없다. 아이들의 수준을 선생님이 자세히 알기도 힘들고 간혹 뛰어난 재능이 있는 아이가 있더라도 다른 아이들에 섞여서 눈에 띄지 않는다. 지난 학기에 이미 이 수업을 들은 아이와 이번 학기에 새로 듣는 아이가 한 반에서 같은 진도를 배우니 새로 온 아이에게는 어렵고, 듣던 아이에게는 시시하다.

영어나 수학같이 레벨이 나누어져 있는 수업도 있다. 하지만 그 레벨이라는 것이 그저 초급·중급·고급 정도로 간략한 데다가 우리 아이가 어떤 레벨에 속해야 하는지도 알려주는 사람도 없다. 그저 영어가 많이 부족하니까 초급, 학원에 좀 다녀봤으니까 중급, 고학년이니까 고급, 이렇게 엄마가 선택해서 들어가는 경우가 대부분이다.

"지금 애가 고급반에 있거든요? 그런데 우리 애랑 그 반 수준이 맞는지, 그 반 애들이 정말 잘하는지, 그런 걸 모르겠어요. 학원은 레벨테스트를 하는데 방과후 학교는 그런 것도 없잖아요. 고급반이 끝나면 갈 곳도 없고. 몇 달 더 다니다가 학원으로 옮기려고요. 엄마들은 방과후 수업을 학원가기 전에 잠깐 거쳐 가는 곳쯤으로 생각해요. 수학이든 영어든 진짜 공부는 학원 가서 하고 방과후는 학원 가기 전에 맛보기로 잠깐 보내죠." (K초등학교 학부모)

싸니까 낮은 수준의 서비스를 제공하고, 싸고 수준 낮은 수업을 믿지 못하는 관계 속에서 학교와 학부모는 서로를 배척한다. 누구도 수업을 개선하려는 고민을 하지 않은 채 방과후 학교가 방치되는 사이를 틈타 슬그머니 교재 판매업체가 학교로 들어왔다. 이 업체들이 방과후 학교에 들어온 것은 교재와 교구의 판매가 목적이다. 업체에게 아이들이란 마케팅의 대상이지 교육의 실제가 아니다. 교재 판매업체들이 학교에 들어와서 교재를 팔면서 강사를 끼워 팔기 시작하면서부터 저가 교육이 학교 안에 자리잡게 되었다. 싼 수업료를 학교와 업체와 강사가 나눠 가져야 하다 보니 수업의 질이 바닥으로 추락하는 것은 예정된 수순이다.

"예전에 아이가 수학 선생님을 좋아했어요. 자세하게 잘 가르쳐 주신다고. 그 선생님이 어느 날 그만두시고 새로 선생님이 오셨는데 가만히 보니까 이게 딱 교재 판매야. 수강료 3만원 말고 교재 대금으로 1만5천원씩 꼬박꼬박 내요. 선생님은 교재 풀었나 안 풀었나 그것만 채점하고. 이러면 학습지랑 다를 게 없잖아요. 학습지는 그래도 큰 회사에서 하니까 문제가 좋겠지, 그런 믿음이라도 있는데 이름도 없는 교재를 쓰더라고요. 내가 문제 수준을 모르니 좋은지 안 좋은지도 모르겠고. 그리고 사실 4만5천 원이 싼 거예요? 일주일에 한 번 가는데? 학원은 매일 가니까 비싼 거지."
(W초등학교 학부모)

엄마들이 생활비를 줄여가며 비싼 학원을 보내는 이유는 학원이 비싼 학원비에 보답하는 만족감을 줄 것이라는 기대 때문이다. 그 만족감 안에는 아이의 성적 향상이나 실력 향상, 아이의 관리, 체계적인 교육시스템, 교사나 학원에 대한 믿음 등이 총체적으로 포함되어 있다. 만족감이 학원비에 상응한다는 보장만 있다면 학원비가 얼마라 하더라도 지불하겠다는 것이 대한민국 엄마들의 모성애 표현 방식이다. 하지만 지금의 방과후 학교는 한 반에 수십 명의 아이들을 몰아넣고 수준별 수업은 엄두도 못 내면서 듣도 보도 못한 교재를 강제로 파는 곳이다. 이곳은 엄마들에게 3만원 어치의 만족감도 주지 못한다.

교사의 질이 곧 교육의 질이다

방과후 학교에는 자기 분야의 스펙은 빵빵하지만 아이에 대해서는 모르는 선생님들이 있다. 교장선생님의 지인 소개로 강사가 돼서 수업을 하고 있는 선생님도 있고 업체에서 들어온 선생님도 있다. 그들 중에는 좋은 강사와 자질이 의심스러운 강사가 무작위로 섞여 있다. 좋은 강사는 다음 학기에도 아이들을 가르칠 확률이 높지만 아이들과의 갈등이나 자격 미달로 잘리는 강사도 매년 1만 명이 넘는다. 그러나 그들도 이듬해 2월이면 다시 다른 학교에 이력서를 낸다. 이미 학교에서 방과후 강사 이력을 쌓았으니 다른 지역의 학교로 옮기는 것은 어렵지 않다. 학교에는 자격 없고 문제 있는 강사를 걸러낼 시스템이 없다. 아이를 맡기는 선생님을 믿을 수 없다는 것이 방과후 학교를 믿지 못하는 또 다른 이유다.

"애가 방과후 축구를 하거든요. 그런데 공에 맞았다고 울면서 들어오는 거예요. 얼굴이 많이 부었더라고요. 축구하다가 그럴 수는 있지만 애가 다쳤으면 선생님이 애를 병원에 데려가든지, 최소한 엄마한테 전화해서 걱정 끼쳐서 죄송하다고 사과라도 해야 되는 거 아니에요? 전화 한 통 없는 거예요. 그래서 어떻게 된 거냐고 제가 전화를 했어요. 그랬더니 뭐라는 줄 아세요? '공 날아가는 걸 어떻게 막습니까? 공 찬 애 번호 알려드릴 테니 그리로 전화하세요.' 이러면서 끊는 거 있죠?" (D초등학교 학부모)

엄마들과 대화하다보면 종종 '애가 볼모로 잡혀 있으니……'라는 말을 들을 수 있다. 아이를 맡겨놨으니 불만이 있어도 엄마가 방과후 강사에게 아무 말도 할 수 없다는 의미다. 수업의 불만을 말했다가 기분이 나빠진 선생님이 내 아이에게 해코지라도 하면 어쩌나 하는 생각 때문에 웬만한 일에는 입 다물고 넘어가는 게 한국 엄마들이다. 최근에는 교사를 폭행하는 학부모도 있다지만 그건 뉴스에 날 만큼 드문 일이고 대부분의 엄마들은 아이에게 큰 문제가 생기지 않는 한 그저 참는다. 화가 임계점에 올 때까지 참다가 도저히 참을 수 없을 때 엄마들이 할 수 있는 유일한 방법은 방과후를 끊는 것이다. '이제 도저히 못 보내겠다'는 생각으로 방과후를 끊을 때 역시 엄마들은 아무 말도 안 한다. 끊는 마당에 얘기해봤자 소용도 없고, 안 다니면 그만인데 큰소리 내기 싫어서다. 불만이 있어도 아무 말 없이 수업을 끊는 대부분 엄마들의 침묵 속에서 문제 있는 수업은 계속 굴러간다.

"저는 진짜 웃긴 일이 있었어요. 저희 애 학교가 '사교육 없는 학교'로 지정이 돼서 안내문이 왔는데 학교에 좋은 수업이 많으니까 학교 방과후 수업을 들으라고 하더라고요. 그래서 학원 원장의 만류에도 억지로 학원을 끊고 방과후 학교를 보냈거든요? 근데 거기 애 학원 원장이 있는 거예요. 학교에서 동네학원 원장 불러다 수업해도 되는 거예요? 하도 이상해서 주변 엄마들한테 물어보니까 그래도 된대요. 다 그렇게 한대요. 진짜 웃기지 않아요? 이게 뭐예요? 애들 상대로 돌려막기 하는 것도 아니고. 그 원장님은 학원에 온 엄마들한테 자기가 학교 교사로 초빙됐다고 광고할 거 아니에요. 학원만 도와주는 거지. 강사 구할 능력도 없는 학교

가 '사교육 없는 학교'로 왜 지정되는 거예요?" (K중학교 학부모)

교육에 있어 가장 큰 진리는 '교육의 질은 교사의 질을 뛰어넘을 수 없다'는 것이다. 교육 프로그램이 아무리 훌륭하고 커리큘럼이 아무리 탄탄해도 그걸 운용하는 교사가 형편없으면 좋은 수업은 불가능하다는 것을 우리는 알고 있다. 우리 모두가 알고 있는 이 중요한 사실을 지금의 방과후 학교만 모르고 있다.

엄마들이 방과후 학교를 선택하는 것은
공교육 안에서 이루어진다는 믿음 때문이다.
능력이 검증된 선생님들로부터 안전하고 평등하게
교육받는다는 믿음 말이다.

/ PART II /

함께 방과후 학교를 얘기하자

많은 학교에서 많은 사람들과 인터뷰를 하면서 가장 마지막에 던진 질문은 "이렇게 문제가 많은 방과후 학교를 계속 운영해야 할까요?"였다. 이 질문을 받고, 방과후 학교의 비리와 문제점을 침 튀기며 이야기하던 사람이나, 침통한 얼굴로 교실의 붕괴를 이야기하던 사람이나 모두 똑같은 대답을 했다.

"그래도 방과후 학교는 필요합니다."•

우리는 알고 있다. 직장에 간 엄마가 돌아올 때까지 쓸쓸하게 혼자 집을 지키는 아이들이 있다는 사실을 말이다. 자신이 예체능에 소질이 있는지조차 모르는 아이들, '신석기부터 IMF까지 1년에 다 배우는 미친 5학년 사회교과서'를 자세히 설명해줄 사람이 필요한 아이들이 많다는 사실을 안다.

방과후 학교가 없다면 그대로 방치돼야 하는 전국의 수많은

• 교사들은 맞벌이 가정의 안전한 보육(52.6%), 사교육비 절감(33.6%), 공교육 정상화(6.0%), 빈부격차 해소(4.3%)로 방과후 학교가 필요하다고 대답했고 학부모는 사교육비 절감(47.9%), 맞벌이 가정의 방과후 안전한 보육(30.8%), 공교육 정상화(16.7%), 빈부격차 해소(2.1%) 순으로 방과후 학교가 필요하다고 응답하였다. 학생들은 소질과 적성 계발(3.74), 학력 향상(3.70), 친구 관계에 도움(3.62), 학원 수강 강좌 수 감소(2.86)순으로 필요성을 얘기했다. 김종숙, 2006, 연세대학교

저소득층 가정 아이들에게 가장 필요한 것이 바로 방과후 학교다. 어디 어려운 아이들뿐인가? 학원에서는 만날 수 없는 각종 스포츠 수업과 다양한 체험을 원하는 아이들을 위해서도 방과후 학교는 필요하다. 그리고 내 아이를 학원으로만 내모는 것을 원하지 않는 학부모들, 학교를 믿고 학교에 의지하는 수많은 사람들을 위해서 방과후 학교는 꼭 필요하다.

이 모든 이들에게 방과후 학교가 필요하기 때문에 우리는 엉망으로 운영되는 방과후 학교에 대해 '이럴 거면 때려치우자'라고 말하지 못하는 것이다. 오히려 힘을 내어, 학교의 실적을 위해서가 아니라 아이들을 위해 방과후 학교가 존재하도록 압력을 가해야 한다. 그렇다면 우리는 어떤 방과후 학교를 만들어야 할까? 아이들을 위해 존재하는 방과후 학교란 과연 어떤 모습이어야 할까?

만일 누군가 나에게 '바람직한 방과후 학교'가 어떤 곳이어야 하느냐고 묻는다면 나는 그곳이 '아이를 유심히 관찰해주고 아이가 잘했든 못했든 아이의 등을 두드려주는 선생님이 있는 곳'이라고 대답하겠다. 가장 바람직한 방과후 학교란 가정과 학교로부터 심리적 압박을 받은 아이들이 와서 격려와 위안을 받는 곳이어야 한다. 모든 아이들에게 지금 절대적으로 필요한 것은 '자신들에게 관심을 가져주는 안전한 환경'이다. 아이에게 관심을 가져주고 어려움을 도와주는 어른이 있는 곳. 어려움에 처할 때마다 안전한 울타리가 되어주는 곳. 그곳이 방과후 학교가 가야 할 지향점이다. 학교가 입시에 매몰될수록 더욱 그러하다. 그러므로 지금 방과후 학교에 가장 필요한 것은 더 많은 투자가 아니라 한 명의 애정 어린 선생님이다. 만일 방과후 학교에 '아이의 성장에 관심을 가져주고 어려움을 헤아려주는 선생님'이 있다면, 그로부터 아이가 '격려와 위안'을 받을 수 있다면, 수많은 제도적 모순이 앞길을 가로막아도 우리는 희망을 얘기할 수 있다.

결국 좋은 방과후 학교를 만들기 위해서 시급하게 필요한 것은 전국 8만여 명의 방과후 강사가 '좋은 선생님'이 되는 일이다. 제도적 문제가 아무리 심각해도 방과후 강사들이 아이들에게 무한한 애정을 가지기만 한다면 수업은 정상화될 수 있다. 교육의 질보다 교사의 질이 훨씬 더 중요한 까닭은 제도적 문제가 생겼을 때 좋은 교사가 그 문제를 막아낼 수 있기 때문이다. 하지만 방과후 학교에는 아직도 '스펙만' 훌륭한 강사가 너무 많다. '스펙이 좋아서 뽑힌 강사'들이 '아이를 이해하는 선생님'이 되지 않는 한 좋은 방과후 수업은 요원하다.

지금 방과후 교실에는 아이들을 사랑하는 교사가 필요하다. 그런데 교사가 아이들을 사랑하기 위해서는 아이들에 대해 더 자세히 알아야만 한다. 더 자세하게 알면 더 많이 사랑하게 되고, 더 많이 사랑하게 되면 더 깊게 이해하기 때문이다. 가르치는 사람이 아이들을 깊게 이해할 때 드디어 '아이들을 위해 존재하는 방과후 학교'는 만들어진다.

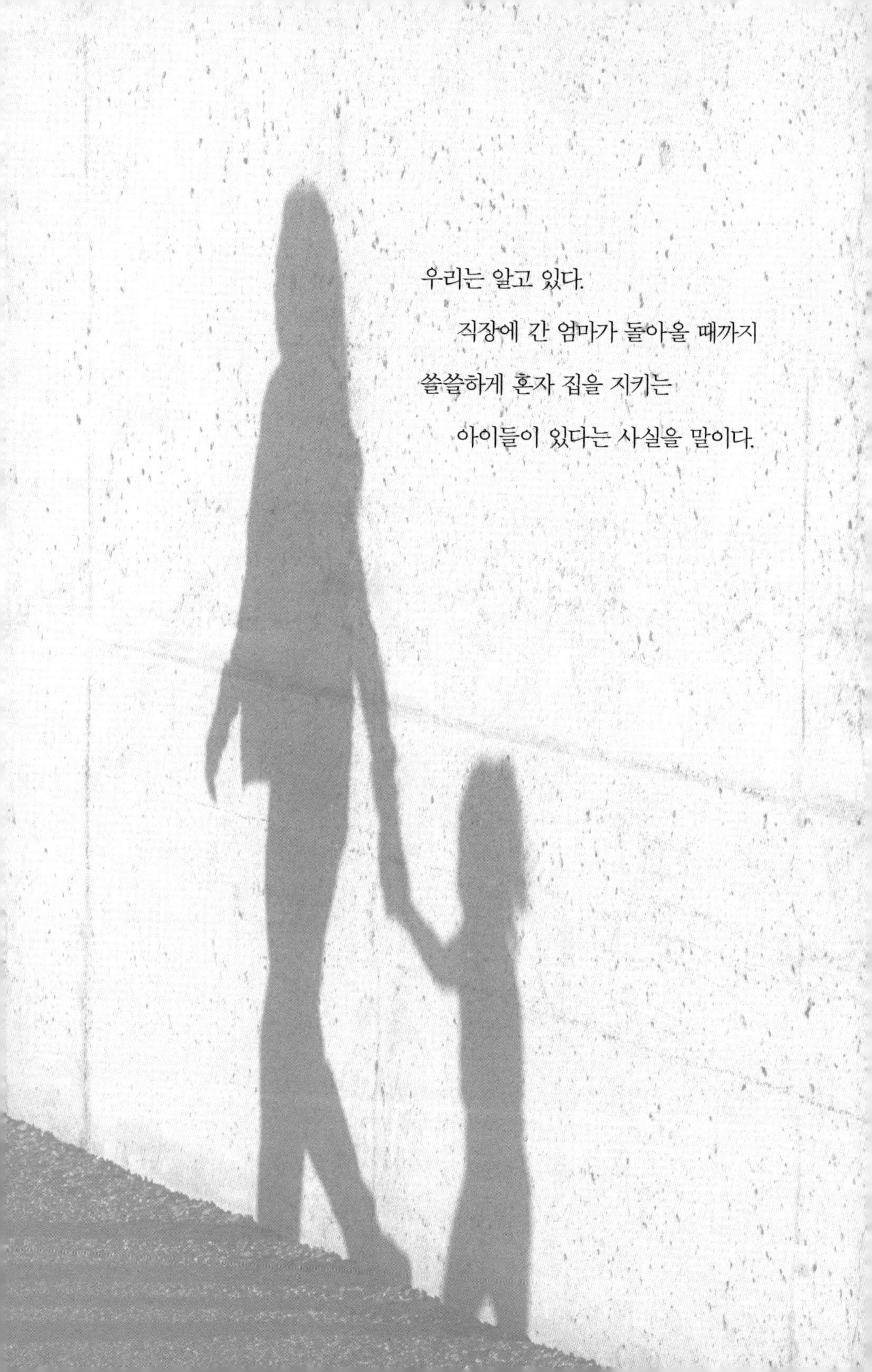

우리는 알고 있다.

직장에 간 엄마가 돌아올 때까지

쓸쓸하게 혼자 집을 지키는

아이들이 있다는 사실을 말이다.

좋은 교사가 된다는 것

방과후 강사들을 만나는 자리에서 종종 이런 질문을 받는다.

"수업시간에 게임을 하면 좋아하는 아이들도 있지만 게임만 했다 하면 싸우는 아이들이 있는데 이럴 땐 어떡해야 하나요?"

"칭찬을 해주면 다 좋아할 줄 알았는데 칭찬을 해주면 짜증을 내는 아이도 있어요."

"경쟁을 시키면 집중을 잘하는 아이도 있지만 더 빨리 포기하는 아이도 있거든요. 경쟁을 시키는 게 나쁜 걸까요?"

이런 이야기에는 공통점이 있다. 어떤 아이에게는 통하는 방식이 어떤 아이에게는 소용이 없고, 대부분의 아이에게 먹히는 방법이라도 특정한 아이에게는 효과가 없다는 사실이다. 도대체 이런 일은 왜 생기는 걸까?

맞다. 아이들이 다 다르기 때문이다.

아이들에게 꼬리표를 붙이지 않는다

아이들은 성격이 다르고 개성이 다르며 재능이 다르다. 아이들은 이제까지 각기 다른 모습과 다른 방식으로 살다가 방과후 수업에 들어왔다. 이렇게 제각각 다른 특성을 가진 아이들을 같은 방법으로 가르치고 있기 때문에 수업을 튕겨내는 아이들이 생긴다. 이 문제를 어떻게 해결해야 할까?

방법은 간단하다. 각각의 아이 특성에 맞는 수업을 하면 된다. 하지만 불행하게도 현실에서 이런 수업은 그저 꿈일 뿐이다. 방과후 교실에서 와글와글 떠들고 있는 수십 명의 아이들에게 개인 맞춤식 수업을 한다는 것은, 페스탈로치가 살아 돌아와도 불가능한 일이다. 맞춤수업을 할 수 없는 대신 교사는 가능한 아이를 빨리 판단하려고 한다. 아이를 빨리 판단하면 맞춤식 수업까지는 아니더라도 맞춤식 대응은 가능해지기 때문이다.

'음, 저 아이는 차분하니까 신경 안 써도 되겠어. 저 아이는 너무 떠들어서 혼자 앉혀야 되겠군. 앗! 재 ADHD 아니야? ADHD는 포기하자.'

빠른 판단과 평가를 통해 교사는 그 아이를 어떻게 상대해야 할지 계획을 세운 다음 어떤 아이에게는 칭찬을, 어떤 아이에게는 벌을 준다. 이 방법은 얼핏 아이를 쉽게 다룰 수 있다는 착각을 준다. 하지만 이것은 아이를 다루는 방식이 아니라 아이에게 '꼬리표'를 붙이는 일이다. 쟤는 착한 애고, 쟤는 문제아고, 쟤는 산만하다는 식으로 교사 마음속에 아이들에 대한 꼬리표를 붙이게 되면 그 다음부터는 교사가 의식하든 의식하지 않든 꼬리표를 붙인 대로 그 아이를 대하게 된다. 아이에게 붙은 이러한 편견은 여간해서는 잘 바뀌지 않기 때문에 아이의 진짜 모습을 파악하는데 오히려 방해가 된다. 아이의 특성을 빨리 파악하려고 붙인 꼬리표가 결국 아이의 특징을 이해하는데 걸림돌이 되는 것이다.

예를 들어 두 아이가 서로 상대방이 먼저 때렸다고 주장하면서 싸우는 경우를 상상해보자. 현장을 보지 못한 교사는 당연히 '문제아'라고 꼬리표를 붙인 아이가 잘못했을 거라고 지레짐작하게 된다. 교사는 자신도 인식하지 못한 채 '문제아'를 더 야단친다. 교사가 별 생각 없이 저지른 불공평한 행동에 상처받은 아이는 억울하고 화가 난다. 아이는 화가 나서 수업을 끊는다. 아이에게 상처만 주고 이별하는 것이다.

물론 어떤 교실에나 수업을 방해하는 아이는 있게 마련이다. 아이 하나 때문에 수업이 엉망이 되는 경우도 많고, 어쩌면 그 아이가 그만두는 것이 수업의 발전을 위해서 바람직한 일인지도 모른다.

그러나 생각해보자. 주어진 과제는 안 하고 옆 친구를 괴롭히고 있는 저 아이는 집에 돌아가면 술 취한 아버지에게 매를 맞는 아이인지도 모른다. 뒷자리에서 수업시간 내내 엎드려 자고 있는 아이는 어제도 학원숙제를 하느라 12시가 넘어 잠자리에 들었을지도 모른다. 아이들은 모두 자신만의 상처와 스토리를 가지고 있다. 그 숨겨진 상처와 스토리 때문에 아이는 지금 교실 분위기를 엉망으로 만들고 옆 친구를 괴롭히고 교사에게 대들고, 별일 아닌 일에 서럽게 엉엉 우는 것이다. 하지만 그 모습이 아이의 전부는 아니다. 교사가 꼬리표를 떼기만 하면 아이는 다양한 가능성을 지닌 하나의 보물이 된다.

방과후 강사가 좋은 선생님이 되려면 아이에게 꼬리표를 붙이는 일은 절대 하지 말아야 한다. 물론 아이를 편견 없이 바라보는 게 생각처럼 쉬운 일은 아니다. 특히 아이를 성적이나 재능으로 줄 세우려는 학교 안에서는 더더욱 그렇다. 하지만 좋은 교사가 되기 위해 되기 위해서 아이에 대한 판단을 미루고 그저 아이를 관찰하자.

우리가 아이를 관찰하는 목적은 아이를 이해하려는 것이지 아이를 평가하려는 게 아니다. 평가 같은 것은 학교 교사에게는 어느 정도 필요한 것일지 몰라도 성적과 무관한 방과후 강사에게는 불필요한 요소이다. 아이를 평가하지 말고 그저 아이를 관찰하면 된다. '넌 이런 문제가 있구나'가 아니라, '넌 이런 특징이 있구나'라는 마음으로 아이를 끌어안는 것, 이것이 바로 좋은 교사의 조건이다. 그리고 이 조건이 갖춰져야만 비로소 아이들과의 대화가 가능하다. 좋은 교사가 되려면 아이들의 좋은 대화 상대가 되어 주어야 한다. 좋은 남편이 아내에게 좋은 대화 상대가 되어주는 사람이고 좋은 부모가 자식과 좋은 대화를 해주는 사람인 것처럼 좋은 교사는 아이들과 좋은 대화를 할 줄 아는 사람이다. 대화만이 아이들의 변화를, 교실의 변화를 만들 수 있기 때문이다. 아이들을 수업에 집중하게 하는 것은 체벌도 협박도 아닌 바로 대화이다.

아이들과 대화할 때 필요한 것들

이름 부르기

너무 당연하지만 최대한 빨리 아이들의 이름을 외우는 것이 좋은 교사의 미덕이다. 출석부에 아이들의 특징을 쓰든지 아이들의 사진을 찍어서 시간 날 때마다 보든지 온갖 방법을 동원해서 이름을 외우는 것이 먼저다. '어? 저 선생님이 내 이름을 아네?'라고 아이가 생각하게 되면 교사와 아이 사이의 장벽이 낮아진다. 아이에게 이름은 '선생님이 내 이름을 불러주기 전에 나는 다만 하나의 몸짓이었다가 선생님이 내 이름을 불러주었을 때 나는 비로소 꽃이 된다'는 의미이다.

떠들고 있는 아이에게 "야! 조용히 해!"라고 하는 것과 아이를 바라보면서 "정은아, 여기 좀 볼까?"라고 하는 것은, 남편이 나를 쳐다보며 "야! 배고파."라고 하는 것과 "효정아, 밥 먹을까?"라고 말하는 것만큼의 차이가 있다. "야! 배고파"를 들으면 그나마 눈곱만큼 남아 있던 애정도 싹 사라지지만 내 이름을 다정하게 불러주면 저절로 밥상 차리고 싶은 마음이 생긴다. 내 이름도 모른 채 그저 입 다물라고 윽박지르는 선생님을 보며 아이는 '아는 사이도 아니면서 명령한다'고 생각한다. 반발심이 생기는 것이다.

하지만 교사가 자신의 이름을 불러주면 선생님이 나를 하나의 존재로 인정한다고 느낀다. 아이가 교실에서 익명성을 벗어던지면 자신의 행동을 의식하게 된다. 교사에게 '정은이'가 어떤 아이인지 알리기 위해, 또는 '좋은 정은이'로 보이기 위해 노력하게 되는 것이다. 사람들이 익명성이 보장된 곳에서는 함부로 행동할 수 있지만 아는 사람이 있는 곳에 가면 체면 때문에 아무렇게나 행동할 수 없는 것과 마찬가지다.

아이가 이렇게 교사를 의식하게 되면 아이가 다시 떠들게 되는 시간에도 차이가 난다. 교사가 "조용히 해!"라고 아무리 소리를 질러도 이름 없는 아이는 들은 체를 안 하지만 '떠드는 아이'에서 '정은이'가 된 아이는 조용히 하는 시간이 훨씬 길어진다.

스킨십 하기

마케팅 기법 중에 '고객과 대화중에 최소한 3번 이상 스킨십을 할 것'이라는 것이 있다. 손을 잡든 몸을 스치든 가볍게라도 스킨십을 하면 상대방에 대한 호의가 생긴다는 이론에 따른 것이다. 인간은 촉감에 매우 민감한 존재이기 때문에 스킨십을 하게 되면 서로에 대한 호감도가 급상승한다. 이건 어른들에게만 해당되는 얘기가 아니다. 오히려 성인보다는 아이들에게 스킨십이 훨씬 절실한데 아이들은 피부 접촉을 통해 안정감을 느끼고 자존감을 높이기 때문이다.

엄마가 아이를 많이 안아주면 감성뿐 아니라 IQ도 높아진다. 그런데 요즘 아이들은 초등학생만 되어도 학원에 다니느라 바빠서 엄마와 스킨십 할 시간이 없다. 아이들은 늘 접촉에 굶주려 있다. 이런 아이들에게 선생님이 손을 잡아준다거나 머리를 쓸어준다거나 어깨를 두드려주는 일은 특별한 기분을 준다. 나는 아이가 수업시간에 과제를 하지 않고 딴짓을 할 경우에 아이에게 다가가서 아이의 등을 쓸어주다가 어깨를 꾹 눌러주고 온다. 그 손길에는 '네가 떠들어서 다른 친구들한테 방해되는 것 알지? 그래도 샘은 너를 미워하지 않아. 자, 이제부터는 잘할 거라고 믿는다'라는 메시지가 들어 있다. 아이도 이걸 안다. 아이는 자신의 행동을 되돌아본다. 교사로부터 야단을 맞았을 때 반발심을 느끼는 것과는 다른 일이 일어나는 것이다.

물론 이런 행동 한 번으로 아이가 교정되는 것은 아니다. 하지만 아이가 느끼는 교사와의 거리는 훨씬 가까워진다. 아이는 '과제를 안 하고 있는데도 나를 쓰다듬어주다니 저 선생님은 좋은 사람인가 보다'라고 생각하면서 교사에게 협조적이 된다.

아이들에게 '졸업하고 나서 어떤 선생님이 가장 기억에 남느냐?'고 물었을 때 자신들을 많이 안아준 선생님을 가장 오랫동안 기억했다는 조사 결과도 있다. 최대한 자주 아이들과 스킨십을 하자. 교실 앞에서만 수업하지 말고 교실을 돌아다니면서 아이들과 접촉시간을 늘리자. 떠드는 녀석의 어깨를 잡아주고 집중하는 아이의 머리를 쓰다듬어주고 자세가 나쁜 녀석의 등을 펴주고 집에 갈 때는 안아주자. 복도를 같이 걸을 때는 손을 잡아주거나 팔짱을 껴도 된다. 아이들은 이성보다 감성이 더 앞서는 존재라 마음보다 몸이 먼저다.

눈으로 말하기

아이들과 강아지들에게는 공통점이 있는데 그건 바로 '나를 좋아하는 사람이 누구인지'를 재빨리 알아채는 능력이다. 얘들은 어떻게 그걸 알게 될까? 그렇다. 상대의 눈을 바라보기 때문이다. 어른과 달리 아이들은 그 사람의 핸드백이나 헤어스타일에 대해 보지 않고 그저 그 사람의 눈을 본다. 그 사람의 눈이 나를 바라보는 방식. 이것에 집중한다.

아이에게 뺄셈을 가르치는 장면을 상상해보자.

교사: 뺄셈은 가져간다는 말이야.

아이: 네.

교사: 지금 네 앞에 막대기가 몇 개 있니?

아이: 하나, 둘, 셋, 넷…… 열한 개요.

교사: 선생님이 네 개를 가져가면 몇 개 남지?

아이: 하나, 둘, 셋…… 일곱 개요.

교사: 그래, 잘했다. 그럼 네 개를 더 빼면 몇 개 남지?

아이: 세 개요.

교사: 바로 그게 뺄셈이야.

아이: 이제 알겠어요.

교사: 아주 대견하구나.

교사는 사랑스런 눈길로 이 아이를 바라볼 수 있다. 하지만 늘 이런 상황만 있는 건 아니다.

교사: 좋아, 지금 막대기가 몇 개 있지?

아이: 몰라요.

교사: 막대기 네 개를 선생님이 가져가 볼게.

아이: 왜요?

교사: 선생님이 지금 뺄셈을 가르쳐주고 있는 거야.

아이: 집에 가고 싶어요.

교사: 뺄셈을 배운 다음에 가자.

아이: 그게 뭐예요?

교사: 잘 봐. 여기 막대기가 열한 개 있지?

아이: 그런데요?

교사: 선생님이 네 개를 가져가면 어떻게 될까?

아이: 집에 갈 수 있어요?

이러면 교사는 아이를 미워하게 된다. 초등학생이면서 뺄셈도 못하는 주제에 저 하나 앉혀놓고 이렇게 자세하고 쉽게 뺄셈을 가르쳐주는 나의 정성을 무시하는 이런 싸가지는 도무지 뉘 집 자식인지, 보는 사람만 없으면 교실 쓰레기통에 던져버리고 나도 집에 가고 싶다. 물론 교사는 이런 마음을 입밖에 내어 아이에게 말하지는 않는다. 하지만 눈빛으로는 아이에게 말한다. '나는 네가 진짜 싫다'고. 교사의 눈빛은 레이저 검이 되어 아이 마음에 칼자국을 낸다. 그러자 아이는 자신에게 칼을 겨누고 상처를 준 교사를 미워하기로 각오한다. 아이는 교사를 미워하고 교사는 아이를 증오하는 악순환이 시작되는 것이다.

이 어려운 상황을 쉽게 해결하는 방법이 있다. 교사가 '아이'와 '아이의 상황'을 분리하기만 하면 된다. 물론 교사는 아이에게 화가 난다. 교사가 계룡산에서 도를 닦고 나온 것이 아닌 이상 이런 상황에서 아이를 사랑스런 눈빛으로 바라보기는 힘들다. 하지만 열심히 공부를 가르쳐주는 교사를 무시하고 딴짓을 하는 것은 아이가 교사를 무시해서 그런 것이 아니라 그저 뺄셈을 배우기 싫어서일 뿐이다. 아이는 이미 교실에서 5~6시간씩 어렵고 힘든 수업을 꾹 참고 들었다. 이제 학교가 끝났으니 운동장에서 친구들과 공차고 놀아야지, 라고 생각했는데 웬걸 수학 수업을 또 들어야 한단다. 아이는 화가 난다. 집에 가고 싶다. 아이는 나를 미워하는 것이 아니다. 끝나지 않는 공부를 미워하는 것이다.

교사: 지금 뺄셈 배우기 진짜 싫구나? 샘도 설거지하기 진짜 싫은데. 너는 뺄셈하는 거랑 설거지 중에 어떤 게 더 싫어?

아이: 뺄셈이요.

교사: 정말? 샘은 설거지가 더 싫은데. 설거지보다 더 싫은 것도 있어. 엘리베이터가 고장 나서 15층까지 걸어 올라가는 거. 넌 뺄셈이랑 15층까지 걸어 올라가는 것 중에서 어떤 게 더 싫어?

아이: 뺄셈이요!

교사: 헉! 그렇게 싫은 거야? 진짜 무지하게 싫구나. 네가 얼마나 괴로운지 충분히 알겠다.

아이는 자신이 얼마나 힘든 상황인지 선생님이 알아줬다는 것에 한결 스트레스가 줄어든다.

교사: 하지만 말이야, 싫다고 가만히 있으면 집에 못 가잖아. 우리 15층까지 쌩하고 뛰어서 올라가듯이 이 문제 풀어 없애버리자. 빨리 풀어서 없애버리고 집으로 쌩하고 뛰어가자. 선생님이 도와줄 테니까 같이 푸는 거다. 자, 시작한다. 준비, 땅!

아이를 공감의 눈으로 바라보자. 교사의 손이 아이의 마음에 가서 닿는 순간이다.

이해하기

아이가 넘어져서 턱을 꿰맨 상황을 상상해보자. 다친 아이를 보자마자 남편이 아내에게 "여편네가 집에서 뭐 한 거야? 애가 이 지경이 되도록!" 소리를 지른다면 어떨까?

아내는 억울한 마음에 같이 소리를 지른다. "애가 당신 닮아서 조심성이라고는 없는데 어떡해! 당신이 집에서 애랑 같이 있어 봐. 애보는 게 쉬운 일인 줄 알아?" 애 때문에 간 떨어질 뻔한 마음은 몰라주고 모든 걸 엄마 잘못이라고 하는 남편을 원망하게 되면 그때부터 아내는 남편이 하는 얘기가 다 듣기 싫어진다. 배고프다는 남편의 말에 "니가 해먹어!"라고 대꾸하게 되고 피곤하다는 말에는 "누가 들으면 억대 연봉인 줄 알겠다!"고 엇나가는 것이다.

그런데 만일 남편이 "애 때문에 많이 놀랐지? 같이 있어주지도 못하고 혼자 고생 많이 했어."라고 말한다면? 아마 아내는 '나는 정말 좋은 사람과 결혼했구나. 비록 돈은 많이 못 벌지만 우리 남편이 최고야. 더 잘 해줘야지'라고 생각하게 될 것이다. 남편이 아이 때문에 고생한 아내의 마음을 알아주고 그 심정을 헤아려줬기 때문이다.

그렇다. 사람이 상대방에게 마음을 여는 것은 '저 사람은 나를 알아. 내 마음을 이해해줘'라고 느끼는 순간이다. 내 마음 한 가운데에 저 사람의 손이 가만히 닿는 순간, 우리는 그 사람을 사랑하게 된다.

아이가 '저 선생님은 나를 알아. 나를 이해해줘'라고 느끼는 순간, 아이는 교사의 말에 귀를 기울인다. 교사를 받아들이기 시작했기 때문이다. 아이가 교사를 받아들이게 되면 "조용히 해. 똑바로 앉아!"를 외치지 않아도 교사를 쳐다보고 교사의 말을 귀기울여 듣는다. 교사가 야단을 쳐도 그럴 만하다고 생각하고, 칭찬을 받으면 다른 어떤 칭찬보다 기뻐한다. 그러므로 교사는 아이에게 '선생님은 네 마음을 알아. 너를 이해해'라는 메시지를 줘야 한다. 이 메시지를 주는 것이 대화의 가장 큰 목표이다.

아이가 교사를 받아들이게 되는 순간은 평범한 교사가 일류교사로 거듭나는 순간이며, 문제아였던 아이를 교사 편으로 만드는 기적의 터닝 포인트다. 학습 계획을 잘 세우고 교실을 조용히 시키고 지식은 잘 전달하지만, 아이들과 소통하지 못하고 아이들을 성장시키지도 못하는 형편없는 교사는 세상에 널렸다. 형편없는 교사가 되지 않으려면, 훌륭한 교사가 되려면, 아이들과 대화해야 한다.

남자아이들은 왜 문제를 일으키나?

선생님이 자리에 있어도 교실을 돌아다니는 남자아이들. 점심시간이면 5분 만에 밥을 입으로 쓸어넣고 수업시작 종이 울릴 때까지 땡볕에서 공을 차는 남자아이들. 여교사 입장에서는 도저히 이해할 수 없는 남자아이들은 도대체 왜 저렇게 산만하고 왜 저렇게 가만히 있지 못하는 걸까?

진화심리학에 의하면 남자의 몸속에는 사냥꾼의 피가 흐른다. 최초의 인류인 오스트랄로피테쿠스 이후로 남자들은 장장 300만 년이 넘는 긴 시간을 하루 종일 뛰고 구르며 사냥꾼으로 살았다. 그에 비해 지금처럼 한 곳에 정착하며 살게 된 지는 1만 년이 채 안 된다. 단군할아버지가 오신 지도 5천년밖에 안 됐으니까 말이다. 이런 이유로 남자의 몸에는 아직도 동물을 쫓고 포획

하는 사냥꾼의 DNA가 흐르고 있다. 남자아이가 사냥꾼 DNA를 가지고 있다는 증거는 차고 넘치지만 대표적으로는 이런 것들이 있다.

1. 가만히 있지 못한다. 소파 위에서 뛰어내리고 식탁 위에서 뛰어내리며 심지어 교실 창문에서도 뛰어내린다. 한시도 가만히 못 있고 뛰어다니다가 맞기도 하지만 그래도 잠시뿐이고 다시 뛴다.
2. 지치지 않고 축구나 야구를 한다. 땀이 비 오듯 흐르거나 게임 중에 다치는 건 안중에 없다. 왜냐하면 그들에게 공은 사냥감이기 때문이다.
3. 게임에 미친 듯이 몰두한다. 게임 중에는 배도 안 고프고 잠도 안 온다. 게임 속의 세상이 사냥터이기 때문이다.
4. 한 번에 두 가지 일을 못 한다. 한 번에 한 가지 일밖에 하지 못할 뿐만 아니라 어떤 일을 할 때는 옆에서 뭐라고 해도 못 듣는다. 사냥감을 쫓을 때는 옆의 소리를 듣지 못하기 때문이다.
5. 물건을 못 찾는다. 항상 사냥하고 뛰어다니느라 동굴 속에는 잠잘 때만 들어왔던 남자는 아직도 실내에 익숙하지 못하다.

스무 개는 더 나열할 수 있지만 여기까지만 해두자. 지금까지 말한 것은 세계적인 진화심리학자들이 밝혀놓은 사실들이다. 자,

이제 모든 게 자명해졌다. 교사가 교실에서 만나는 남자아이들은 조상이 준 사냥꾼의 피가 혈관 속에서 부글부글 끓고 있는 아이들이다.

사냥꾼은 어떻게 살아가나

사냥꾼은 사냥감을 잡았을 때 가장 기쁘다. 배고픔에 시달리는 부족들을 먹일 수 있기 때문이다. 사냥감을 잡아서 어깨에 둘러메고 마을로 돌아오자 아니나 다를까 배고픔에 시달리던 아이들과 여자들이 전부 뛰어나와 기쁨의 소리를 지른다. 이 순간 사냥꾼은 자신이 위대하게 느껴지면서 존재의 의미를 확인한다. 다른 사람들이 나에게 환호성을 질러주는 순간, 이 순간이 남자가 존재하는 이유다. 사냥감을 쫓아다닐 때는 죽을 듯이 힘들지만, 견딜 수 있다. 저 사냥감을 잡으면 모두 나에게 환호해줄 것이므로. 남자들은 자신이 이룩한 성과에 사람들이 환호성을 질러줄 때 인생의 보람을 느낀다. 이런 이유 때문에 "남자는 자신을 알아주는 사람을 위해서 목숨을 바친다."라는 말이 나온 것이다.

자, 그런데 지금 남자들의 삶이 어떤지 한 번 생각해보자. 이제는 사냥감을 어깨에 둘러메고 집으로 돌아올 수 없어졌다. 와이프도 아이들도 회사에서도 어디에서도, 어느 누구도 자신을 칭송하고 환호해주지 않는다. 최근 남자들이 겪는 정신적인 문제들은 대부분 여기서 연유한다. 하지만 성인 남자들이야 친구를 만나 술을 마시거나 차를 바꾸고 자신의 취미를 즐기며 이런저런 스트레스를 잠재울 수 있다.

그런데 사냥꾼의 DNA는 고스란히 가지고 있으면서 아무 것도 할 수 없는 남자아이들의 삶은 얼마나 끔찍한가? 늦잠을 잔다고 엄마한테 야단을 맞는 걸로 하루를 시작해서, 공부시간에는 벌판을 달리고 싶은 욕망을 잠재우느라 온갖 애를 쓰고 있는데 그걸 알 리 없는 선생님한테 산만하다고 야단을 맞는다. 쉬는 시간에는 여자애들한테 야단맞고 점심시간에는 줄 안 선다고 혼난다. 학교가 끝났으니 이제 좀 놀아볼까? 했더니 이런, 방과후 교실에 가야 한다. 방과후 교실 선생님한테 떠들지 말라고 야단을 맞으면서 이것저것 배우고 나자 젠장, 학원이 남았다. 영어학원에 가서 영어 선생님한테 야단맞고 태권도 사범님께 기합 받고 피아노 선생님한테 혼난다. 그런데 이게 끝이 아니다. 집에 돌아오자 무서운 빨간펜 선생님이 기다리고 있다. 빨간펜 선생님이 주는 숙제에 머리가 몽롱한데, 마지막으로는 도대체 왜 성적이 이 모양이냐는 엄마의 잔소리를 들으며 잠이 든다. 자신이 뭘 잘못했는지 모르지만 하여간 '나는 진짜 형편없는 아이구나'라고 생각하며 잠드는 것이다.

어느 누구도 칭찬과 격려는 해주지 않고 남자아이를 둘러싸고 있는 것은 모조리 비난과 비판, "가만히 앉아 있어. 조용히 해.

뛰지 마. 안 돼. 하지 마!" 뿐인 시간들. 도대체 남자아이들이 어디에서 자신들의 존재 이유를 찾는단 말인가?

최근 남자아이들의 성적이 여자아이들과 비교도 할 수 없이 뒤처지는 이유는 모두 남자아이들의 이런 존재 본능을 억누르는 학업시스템 때문이다. 자신을 칭찬해주는 사람이 하나도 없으니 자존감이 낮아지고, 자존감이 낮아지다 보니 공부를 못하게 되고, 어차피 계속 야단이나 맞는 인생이니 게임이나 하면서 보내는 것이다.

사냥꾼 다루기

해결책은 너무나 확실하다. 남자아이들이 가지고 있는 사냥꾼으로서의 본능을 충족시켜주면 된다. 마음대로 뛰게만 해줘도 이 모든 문제가 상당부분 해결된다. 하지만 방과후 강사가 수업시간에 아이들을 운동장에 풀어놨다가는 다음 학기 재계약은 물 건너 갈 테니 그럴 수는 없다.

그럼 방과후 강사는 어떻게 아이들을 도와주어야 할까? 그렇다. 우리는 정답을 알고 있다. 사냥감을 잡아온 사냥꾼처럼 남자아이에게 환호와 칭찬을 쏟아부어주면 된다. 하지만 여기에는 문제가 있다. 이미 남자아이들은 수많은 선생님들로부터 들은 '영혼 없는' 칭찬에 신물이 나 있다는 사실. 이제까지 아이가 겪었던 많은 선생님들은 아이를 교정하려는 목적으로 입에 발린 칭찬을 아끼지 않았다. 아이들은 교사의 칭찬이 시시하다. '또 뭘 시키려고 저러는 거지?'라고 생각하기도 한다. 식상한 칭찬에 신물이 난 이 난폭한 사냥꾼들을 어떻게 도와줄 수 있을까?

구체적인 행동을 칭찬하기

교사가 아이를 칭찬하는 것은 아이가 그 행동을 반복하게 하기 위해서다. 매일 떠들기만 하던 녀석이 오늘은 어쩐 일인지 조용히 앉아서 책을 읽고 있다. 세상에, 매일 이렇게만 해준다면 교실이 한결 조용해질 것 같다. 그래서 교사는 아이를 칭찬한다. "어머, 진혁이 오늘 너무 착하구나."

아이는 기분이 좋아진다. 하지만 이런 칭찬은 아이의 기분을 잠깐 좋아지게 하는 것을 빼면 별다른 성과가 없다. 왜냐하면 구체적으로 어떤 행동이 선생님을 기쁘게 했는지 아이가 잘 모르기 때문이다. 물론 조용히 하면 선생님이 좋아한다는 것은 알고 있지만 어떤 태도, 어떤 자세가 그런 결과를 가져오는지는 모른다. 설마 그럴 리가 있냐고? 남자들은 사냥을 위해 앞만 보고 뛰던 존재들이라 자세하게 알려주지 않으면 모른다. 그러니 우리는 남자아이들에게 '너의 행동 때문에 선생님이 얼마나 기쁜지'를 아주 구체적으로 알려주어야 한다.

"오늘 진혁이가 20분도 넘게 의자에 가만히 앉아서 책을 읽고 있네."

"우와, 진혁이가 친구들에게 지우개를 빌려줬네."

"이 책상 정리 진혁이가 한 거니? 세상에, 책상이 아주 깨끗하구나."

아이의 행동을 아주 구체적으로 묘사해야 한다. 자신의 어떤 행동에 교사가 감동하는지를 확실히 알아야 아이가 다음에 다시 그 행동을 반복한다. 먼저 아이의 행동을 자세하게 묘사하고 그런 다음 그 뒤에 붙이는 칭찬은 식상하지 않아야 한다. "인상이 좋으시네요." 같은 뻔한 덕담은 감동이 없다. 감동은 나를 특별하게 대해줬을 때 온다.

"오늘 진혁이가 친구를 도와줘서 친구들이 너를 다 멋지게 봤을 거야."

"오늘 선생님 눈에는 진혁이가 원빈보다 멋져 보인다."

"진혁이 같은 학생만 있으면 선생님은 걱정이 없겠다."

이 같은 칭찬을 들으면 아이는 특별한 기분을 느낀다. '너는 다른 사람과 달라. 너는 특별한 면이 있어. 너의 그 특별한 면이 나를 정말 기쁘게 하는구나'가 칭찬의 본질이어야 한다.

'나는 좀 달라. 나는 특별한 면이 있어. 나의 특별한 면을 선생님이 알고 있구나. 다른 선생님들은 그걸 모르는데 저 선생님은 알고 있어.' 아이가 이런 생각을 했을 때만이 비로소 교사를 좋아하게 되고, 교사를 좋아한 후에야 교사에게 협조적이 되는 것이다.

몸을 굽히고 눈을 맞추기

커피숍에 앉아 있는 커플 중에 누가 누구를 더 좋아하는지 단번에 알아보는 방법이 있다. 몸을 앞으로 굽힌 사람이 상대를 더 좋아하는 사람이다. 우리는 상대에게 호의를 느낄 때 본능적으로 몸을 앞으로 굽히게 된다. 상대가 몸을 내 쪽으로 굽히면 본능적으로 '저 사람이 나를 좋아하는구나'라고 느낀다. 백화점 직원들이 고객이 얘기할 때 무조건 고객 쪽으로 몸을 굽히는 것도 이런 이유 때문이다. 고객에게 호의적인 기분을 느끼게 해서 상품 구매로 연결하려는 고도의 마케팅 전략이다.

칭찬을 할 때는 아이를 향해 몸을 20도 굽힌다. 몸을 아이 쪽으로 조금 굽히는 것만으로도 아이는 선생님이 자신에게 집중하고 있다는 것을 본능적으로 느끼고 호의적이 된다. 아이가 교사에게 말을 걸 때, 아이가 질문을 할 때, 아이가 억울함을 호소할 때, 비록 아이가 변명을 늘어놓을 때라도 아이를 향해 몸을 굽히고 눈을 맞추자. 물론 아이를 야단칠 때는 말할 것도 없다. 자기 쪽으로 몸을 굽혀 눈을 바라보면서 이야기를 들어주는 선생님이라면 비록 야단을 맞더라도 억울하지 않다.

아이가 선생님으로부터 이런 말을 들었다.

“너 때문에 지금 선생님이 얼마나 기쁜지 몰라. 선생님 감동했다.”

그런데 선생님은 서류에 코를 박고 아이에게 이 말을 했다. 아이가 과연 선생님의 말에 감동할까? 자신에게 집중하지도 않고 서류를 쓰면서 한 말을? 분명 칭찬을 들었는데 이상하게 기분은 별로 좋지 않다.

다른 선생님은 같은 말을 이렇게 했다. 아이의 어깨를 잡고 아이 쪽으로 몸을 굽힌 다음 아이의 눈을 똑바로 쳐다보면서 말한다. “너 때문에 지금 선생님이 얼마나 기쁜지 몰라. 선생님 감동했다.” 아이는 온몸에 소름이 쫙 끼치는 기분을 느낀다.

칭찬이란 이런 것이다. 상대에게 내 진정성을 전달하는 것. 진정성은 입이 아니라 눈으로 전해진다.

여자아이들은 왜 문제를 일으키나?

남자들이 사냥을 하는 동안 여자들은 무엇을 했을까? 그렇다. 여자들은 동굴에서 서로를 의지하며 남자들이 돌아오기까지의 시간을 견뎠다. 배가 고파 우는 아이를 달래는 일, 아픈 노인을 돌보는 일을 함께 했으며 남은 음식을 함께 나누어 먹고 함께 버텼다. 여자들에게 끈끈한 동지애를 만들어준 건 여자들이 함께 나누며 이야기했던 시간들이다. 그 유구한 유전자가 우리에게 남아 있다는 증거는 다음과 같다.

1. 힘들고 괴로울 땐 친구부터 불러낸다. 힘든 일이 있을 땐 얘기를 해야 한다.
2. 수시로 계모임을 만든다. 여행계, 반지계, 성형계까지 혼자서

는 못 가는 여행, 혼자서는 못 하는 성형도 여럿이 모이면 힘을 내서 할 수 있다.

3. 전화하면서 요리하고 아이 숙제를 봐주는 일을 한꺼번에 할 수 있다. 한 번에 한 가지 일밖에 못하는 남자들이 볼 때에는 초능력에 가까운 능력인데, 아이를 돌보고 음식하면서 밖에서 맹수 소리가 나는지를 살피던 수백만 년간의 훈련 덕분이다.
4. 집안 어디에 뭐가 있는지 귀신같이 안다. 다른 부족들이 습격하면 찾을 수 없도록 동굴 안이나 주변에 식량을 숨기던 습관 때문이다.
5. 운전을 못한다. 여자들은 너무나 오랫동안 삶의 터전인 동굴과 동굴 주변에 머물렀기 때문에 길을 찾는 일에 아직도 서툴다. 그러니까 전국의 수많은 김여사는 개인의 문제가 아니라 유전자의 문제다.

여자들은 언제나 모여서 서로의 다독임을 받으며 힘을 내고, 공감을 통해 상처를 치유해왔던 사람들이다. 다독임과 공감만 있다면 많은 문제를 스스로 치유하는 것이 여자들이다. 여자아이들이 일으키는 대부분의 문제는 바로 이런 것들이 결핍되었을 때 벌어진다.

여자는 무엇으로 살아가나

사냥이 혼자서 달리고 혼자서 활을 쏘는 단독 플레이였던 반면 아이를 키우고 노인을 돌보며 밥을 해먹고 삶을 버텨내는 일들은 모두 공동의 힘이 필요한 일들이었다. 혼자서는 하기 힘든 많은 일들을 여자들은 힘을 모아 슬기롭게 헤쳐 나갔다. 그러다 보니 여자들은 서로의 마음을 잘 알게 되고 저 사람의 상처와 아픔을 내 일처럼 느끼는 공감 능력도 남자들에 비해 열두 배는 발달했다.

여자들의 대화중에 쏟아지는 "맞아 맞아. 나도 그렇다니까. 세상에, 웬일이니? 정말 그렇겠다." 라는 공감의 말들이, 남자에게는 도무지 어떻게 써야 하는지 모르는 외계어인 반면 여자들에게는 없어서는 안 되는 필수어인 것이다. 그래서 여자들은 커피숍에 모인다. 전화기를 붙들고 두 시간 넘게 얘기를 했음에도 불구하고 자세한 얘기는 만나서 다시 한다. 자세한 얘기를 아무리 많이 해도 헤어진 후에는 카톡으로 나머지 얘기를 시작한다. 그 사이에 공감과 격려, 지지와 다독임 등의 일들이 자연스럽게 일어난다. 공감과 격려의 시간을 겪어내면서 속상한 일에 대한 마음은 눈 녹듯이 사라지고 다시 살아갈 힘이 난다.

그런데 커피숍에서 만나 떠들 수 있는 어른들과 달리 이런 시간을 가질 수 없는 여자아이들의 삶은 측은하기 그지없다. 공기하고 고무줄 하면서 공감의 시간을 가질 틈도 없이 학교가 끝나면 즉시 학원 차를 타고 이 학원 저 학원을 전전해야 한다. 동네 놀이터에서 친구들과 함께 놀면서 엄마나 학교로부터 받은 스트레스를 풀기는커녕 친구는 다 경쟁자라고 배운다. 여자아이들은 서로 공감하고 위로하는 시간과 공간을 빼앗겼다. 경쟁에 지친 채로 집에 와봤자 엄마한테 듣는 말이라고는 "학원 갔다 왔어? 학원 숙제 했어? 성적표 나왔어?" 뿐이니 상처받은 마음을 어디 가서 위로 받아야 할지 알 수가 없다. 거창한 것을 바란 것도 아닌데, 단지 공감을 받고자 했을 뿐인데, 그 사소한 요구가 충족이 안 되자 여자아이들이 폭력적으로 변하기 시작했다. 예전에는 폭력문제가 거의 남자아이들의 전유물이었던 반면 최근에는 여자아이들이 주도하는 심각한 폭력사건이 자주 일어나는데 그 이유는 누구도 여자아이들의 마음을 받아주고 그들의 이야기에 귀 기울여주지 않았기 때문이다.

여학생 다루기

해결책은 너무나 간단하다. 여자아이들에게 결핍된 '공감 받고 싶은 마음'을 충족시켜주면 된다. 충분히 공감만 해줘도 이 모든 문제가 상당부분 해결된다. 하지만 방과후 수업시간에 한 아이만 앉혀놓고 그 아이 얘기만 들어주고 공감해줄 수는 없다. 더군다나 여자아이들은 교사가 하는 말이 진짜인지 가짜인지 알아내는 능력이 탁월해서 어쭙잖게 아이에게 친한 척을 했다가는 "저 선생 깝치지 않냐?"라는 뒷담화와 함께 여자아이들로부터 왕따 교사가 될 확률이 다분하다. 이런 어려운 상황 속에서 방과후 교사는 어떻게 여자아이들을 도와주어야 할까?

듣고 싶어하는 말을 해주기

"엄마한테 야단을 맞았어요. 우리 엄마 진짜 짜증나요."라고 토로하는 아이에게 교사는 이런 위로를 건넨다.

"그래도 엄마는 너를 걱정해서 하시는 말씀이야. 엄마가 너 잘못되라고 그러시겠니?"

혹은 한술 더 떠서 이렇게 말한다.

"엄마한테 그런 말 하면 나쁜 어린이야."

안 그래도 엄마 때문에 열 받은 아이의 염장을 지른다. 이런 말은 "여보, 애 키우기 너무 힘들어."라고 얘기하는 아내에게 남편이 "애들 열두 명 키우는 사람도 있는데 겨우 애 셋 키우면서 뭐가 힘들어?"라고 말하는 것과 같은 효과를 낸다. 처음에는 푸념과 넋두리였으나 얘기를 할수록 짜증과 분노가 생기는 것이다.

아이는 교사에게 뻔한 충고를 듣고 싶어서 자기 속마음을 털어놓은 게 아니다. 아이가 원하는 것은 자신이 얼마나 힘든지를 알아달라는 것이다. 아이는 자신의 어려움을 알리고 싶다. '지금 많이 속상하구나. 너는 다쳤구나. 힘들구나'라는 말을 듣고 싶을 뿐이다.

"엄마한테 야단맞았어요. 우리 엄마 진짜 짜증나요."라고 말하는 아이에게 "야단맞았어? 이렇게 착한 수지가 야단칠 게 뭐 있다고! 엄마한테 야단맞아서 진짜 속상하겠다."라고 아이가 듣고 싶은 이야기를 해주는 거다. 아이가 억울한 기분을 느낄 때 가장 필요한 것은 '어? 선생님이 내 마음을 알아주네!'다.

아이와 이야기할 때는 충고를 하고 싶은 마음을 꾹 참고 아이가 듣고 싶은 이야기를 해야 한다는 사실을 잊지 말자. 아이가 어떤 말을 듣고 싶은지 잘 모를 때에는 아이의 기분을 먼저 물어본다. "엄마가 네 마음을 몰라주셔서 많이 속상했니?"라고 묻는 것이다. 아이는 "네, 완전 짜증났어요. 왜냐하면……"이라고 자신의 속상한 기분을 설명한다. 그때 교사는 "와, 정말 짜증났겠다."하면서 아이의 말을 그저 따라한다. 이때 믿을 수 없이 놀라운 일이 생긴다. 아이는 분명 자기 입으로 '완전 짜증났다'고 말해놓고도 '헐~ 선생님이 내 마음을 어떻게 알지?'라고 생각한다. 아이의 말을 그저 따라하는 매우 단순한 이 행위는 아이와 내 간격을 한꺼번에 확 끌어당기는 마법 같은 대화방법이다.

지금은 충고를 할 때가 아니라 아이의 고통을 읽어줄 시간이다. 아이가 교사에게 힘든 일을 털어놓을 때, 비협조적인 자세로 퉁퉁거릴 때, 아이에게 아이로서 갖춰야 할 바른 자세를 연설하지 말고 아이가 듣고 싶은 이야기를 해주자. 아이의 마음을 읽어주자.

맞장구치기

여자들 간의 대화에서 특이한 점은 “맞아 맞아.”가 대화 사이사이에 끊임없이 울려 퍼진다는 것이다. 이 ‘맞아’라는 말은 흡사 판소리의 추임새 같은 역할을 하는데 추임새의 역할이 명창의 신명을 북돋우듯이 “맞아, 그래, 그렇구나.” 같은 중간 추임새는 이야기하는 아이에게 힘을 준다. 아이들이 이야기할 때 고개를 끄덕이며 “어머, 그렇구나. 그래, 맞다.”라고 얘기해주자. 선생님이 자신의 이야기를 동의해준다는 것만으로 아이 어깨 위의 스트레스는 한결 가벼워진다.

아이들 둘이 싸웠다. 이때 둘의 잘잘못을 가리는 것은 아무런 득이 안 된다. 아무리 교사가 공정하게 판정을 해도 둘 중 한 아이는 억울하게 되어 있고 억울한 아이는 교사에게 앙심을 품는다. 교사는 아이를 따로 불러 어떤 점이 억울한지 들어준다. 그저 들어준다. 억울하겠다고, 속상하겠다고 아이의 이야기에 고개를 끄덕이고 맞장구를 치는 것만으로 충분하다. 마음에 억울한 것이 없어진 아이는 자신의 행동을 스스로 반성한다.

아이의 행동이 비록 교사의 눈에 어이없고 한심해 보여도 아이의 입장에서는 그럴 수밖에 없는 이유가 있다. 아이의 입장에서 아이의 이야기를 들어주자. 맞장구치면서, 공감하면서 말이다.

그래도 희망은 학교에 있다

희망은 두 가지 방법으로 우리에게 온다. 하나는 위에서 시작되는 방식이고 다른 하나는 아래에서 생겨나는 방식이다. 만일 행정적인 문제를 바로잡으면서 방과후 학교가 개선된다면 아마 그건 위에서 시작하는 희망이라고 말할 수 있을 것이다.

여러 학교에 인터뷰를 하러 다니던 중 위에서부터의 개혁에 성공한 학교를 만났다. 대구 가창초등학교는 대구시 달성군에 위치한 작은 학교다. 2012년 전교생 46명으로 폐교 위기를 겪던 이 학교에 공모를 통해 중국 톈진(天津)국제학교 교장을 지낸 이상근 교장이 부임했다. 이 교장은 문 닫을 위기에 처한 학교를 구할 방법은 '사교육이 필요 없는 학교'를 만드는 것뿐이라고 생각했다. 이상근 교장은 교사와 학부모들을 설득해 학교의 체질을 바꿨다.

가장 사교육 의존도가 높은 영어문제를 해결하기 위해 '외국어 중심학교'를 목표로 주당 6~8시간 영어를 가르치기 시작했다(일반적으로 초등학교는 주당 1~2시간 영어를 배운다). 원어민 교사와 영어교사가 짝을 이뤄 전교생을 대상으로 수준별 수업을 한다. 정규 교과시간에는 할 수 없는 중국어 수업도 방과후 학교를 통해 주당 2~3시간씩 이루어진다. 학원으로 가야만 해결할 수 있었던 문제를 학교가 해결해준 것이다.

아이들은 학교를 졸업하기 전까지 필수적으로 악기를 배우고 체육시간 외에 매일 운동도 한다. 많은 것을 가르치는 대신 아이들을 경쟁시키지는 않는다. 학교 뒤편 텃밭에서 아이들이 직접 기른 채소로 급식을 하고 운동회에서 달리기 1등을 뽑지 않는 학교. 가창초등학교는 대구시교육청으로부터 '자율형 행복학교'로 지정되며 올해는 입학 대기자만 100여 명에 이를 정도로 '사교육 없는 학교'의 혁신을 이끌고 있다.

가창초등학교는 어떻게 짧은 시간에 폐교 위기 학교에서 입학 선호도 1위 학교라는 희망을 일구어냈을까? 그 이야기를 듣기 위해 가창초등학교를 방문했다.

가창초등학교의 성공 스토리

가창초등학교에 들어서자마자 가장 처음 눈에 띈 것은 배추를

다듬는 사람들이었다. 열 명도 넘는 사람들이 깔깔 웃으며 김장을 담그는 것을 보고 '학생 수 150명뿐인 학교에 조리사가 왜 저렇게 많지?' 의아해하며 교장실 문을 두드렸다. 교장실에 들어서자 가장 먼저 '서약서'가 보였다. 이 서약서는 학교에 입학하기 위해서 모든 학부모가 작성해야 하는 것으로 '사교육을 일체 시키지 않겠다'는 학교와의 약속이다. 학원과 정면승부 하겠다는 학교장의 두둑한 배짱이 놀라웠다.

"사실 저는 방과후 학교가 없었으면 좋겠습니다. 살아가면서 필요한 것 거의 다 정규 교육과정에서 가르치기 때문에 방과후에는 아이들을 놀게 해야 한다고 생각해요. 하지만 학교교육의 목표가 '국민보통교육'이다보니 전문적이지 못한 부분도 있습니다. 그래서 아이들에게 꼭 필요한 것을 방과후에서 가르치자는 목표로 방과후를 운영합니다.

인문영역의 영어, 중국어, 한자. 예능영역의 바이올린, 리코더, 단소. 체능영역의 건강달리기, 음악줄넘기, 택견이 그것이죠. 위의 과목들은 교사와 학부모들이 '아이들에게 꼭 필요한 게 뭘까?'를 같이 고민하고 선정한 것인데 정규과목처럼 전교생에게 교육됩니다. 예를 들면 1~2학년 때는 한자를 배우다가 3~6학년이 되면 중국어를 배웁니다. 1~4학년 때는 리코더를 배우다가 5~6학년에 단소를 배우지요.

이런 단계적 학습이 왜 중요하냐면, 1~4학년 아이들이 리코더를 배우면서 생각해요. '나도 빨리 5학년 돼서 언니들처럼 단소 불어야지.' 이게 아이들에게 기대감을 줘요. 아이들 스스로 무엇인가를 배우겠다는 마음이 생깁니다. 자기 스스로 실력을 늘리려고 노력하게 되지요. 그런데 일반적인 방과후 학교는 그런 게 없잖아요? 그냥 개인적으로 선택해서 배우다가 싫으면 그만두고. 아이들이 스스로 열심히 참여하게 하려면 방과후 학교가 이런 희망과 기대감을 줄 수 있어야 한다고 생각해요."

교장선생님의 설명처럼 모든 학생은 방과후에 지정된 교과목을 배운다. 그러니까 방과후 학교가 정규교육 안으로 완전히 들어와 있는 것이다. 모든 수업은 정규과목처럼 학교 안에서 운영되고 관리된다. 이 외에 미술, 컴퓨터, 수영 등 다양한 수업들은 '토요문화학교'를 통해서 배울 수 있다.

강사는 학교가 직접 선발하는데 일단 강사로 선발되면 학교 워크숍에 참여해 교육을 받고 수업평가도 꾸준히 받는다. 모든 강사는 교사 간담회나 회식자리에 같이 참석하면서 학교교사와 동등하게 대접받는다. 학생과 학부모들로부터 좋은 평가를 받은 강사는 연임되고 평가 기준에 미달한 과목은 다시 공개채용을 하는데 지금 수업하고 있는 강사도 똑같이 지원할 수 있다.

물론 수업에 불만의 목소리도 있다. 전교생이 일괄적으로 교육받다보니 아이들이나 부모님들이 문제를 제기하기도 한다. '이게 무슨 필요가 있겠느냐? 우리 아이는 이런 거 싫어한다.'는 의견이 더러 있다.

"학교는 부모님을 끝까지 설득합니다. 일단 담임선생님이 설득하고, 안 되면 제가 합니다. '아이들은 악기 연주를 통해 정서지능이 높아진다. 하지만 모든 악기를 다 가르칠 수는 없지 않느냐? 바이올린을 배우면서 연주의 즐거움을 깨달으면 다른 악기는 나중에 얼마든지 배울 수 있다. 이게 전이효과다.' 이렇게 설득하지요. 생각 외로 학부모님들은 금방 설득이 됩니다.

결국은 학교가 학부모님들께 학교의 비전을 제시해야 합니다. 학교가 아이들의 정서교육을 위해 어떻게 노력하고 있는지 보여주고 학부모를 믿게 해야지요. 물론 이런 노력이 있어도 불안한 학부모가 있습니다. '학원 안 보내고 학교에서만 배워서 내 아이만 뒤처지는 것 아니냐' 그런 불안이 없을 수 없죠. 아이 교육에 자신 없는 부모들이 이런 반응을 보입니다. 부모가 교육에 자신이 없을 때 학교가 바로 서야 합니다. 학교가 흔들리면 안 됩니다. 학교가 교육관을 확실하게 정립하고 학부모에게 확신을 줘야 해요.

학교의 교육관을 설명하고 학부모님들과 대화하기 위해 저희 학교는 매월 1회 '부모연수'를 합니다. 이 과정을 통해서 학부모님들이 학교를 믿게 되면 프로그램을 운영하기가 훨씬 쉬워집니다. 선순환이 일어나는 것이지요."

폐교 위기에서 전학 1순위 학교로

방과후 학교의 올바른 대안을 찾기 위해 '방과후 학교 대상(大賞)'● 수상 학교들을 분석하면서 나는 방과후 모범 학교들에게서 몇 가지 공통점을 발견했다. 여러 가지 공통점 중에서 가장 눈에 띄는 것은 '방과후 학교 대상' 수상 학교들이 대부분 한때 폐교 위기를 맞았다는 사실이었다.

폐교 위기에 놓인 학교들은 학교 문을 닫지 않기 위해 필사적으로 방과후 학교를 살리려고 노력했다. 이런 위기는 방과후 학교를 살리려는 학교장의 의지가 확고할 수밖에 없도록 하는 조건이 된다. 폐교 위기의 학교들이 방과후 학교를 성공적으로 운영하자 점점 학생이 늘고 타 지역에서 전학을 오는 학생도 생겼다. 심지어 어떤 학교는 주변 부동산 가격이 오르는 일까지 일어났다. 이러한 결과는, 학교장의 강력한 의지가 방과후 학교를 정상화하는데 얼마나 강력한 무기인가를 보여준다.

엄마들은 "방과후 학교는 시간 때우기 위해 보낸다."고 말하지만 질 좋은 방과후 학교를 누구보다 간절히 바라고 있는 사람들이다. '방과후 대상 학교들' 주변의 부동산 가격 오름세는, 그만큼 수준 높고 믿을 만한 방과후 학교에 대한 학부모의 목마름이

● '방과후 학교 대상'은 교육부가 중앙일보, 삼성재단, 한국교육개발원과 손잡고 2009년부터 방과후 학교 우수 사례를 발굴하고 격려하기 위해 제정된 상이다. 학교부문, 교사부문, 지역사회파트너 부문으로 나누어 시상하고 있으며 지금까지 4회를 맞고 있다.

간절하다는 것을 단적으로 보여준다. 현재 학부모들의 방과후 학교에 대한 냉소는 방과후 학교에 대한 기대감이 좌절된 배신감의 표현인 것이다.

인터뷰 도중에 교장선생님은 "오늘 김장을 담그러 오신 어머님들께 인사를 드려야 한다."고 말했다. 학교에 들어오면서 봤던 김장 담그던 사람들은 급식실 조리사가 아니라 아이 엄마들이었던 것이다. 왜 엄마들이 학교에서 김치를 담그지? 의아하고 놀라웠다.

아이를 5년이나 학교에 보냈지만 나는 아직도 학교를 찾아가는 것이 껄끄럽다. 아이에 대해 담임교사와 상의하고 싶은 것이 있어도 어떤 것을 이야기할까보다는 무엇을 들고 가야 하는지를 고민한다. 주스를 들고 가는 것은 무성의해 보이고 케이크를 들고 가는 것은 촌스러워 보여서, 성의 있게 보이면서 부담 없는 선물은 무엇일까 고민하다가 가기를 포기하기도 한다. 아이들을 위해서는 학부모와 교사가 머리를 모아야 한다고 주장하고 있는 나조차 이러니 다른 엄마들은 말해 무엇 할까? 아직도 '수행평가 잘 받으려면 석 장 정도는 깔고 가야' 한다든가 '회장 선출되려면 이삼백은 써야' 한다는 말이 횡행하는 세태 속에서 학교와 학부모가 대화한다는 것은 멀고도 아득하다.

이러한 불편함은 서로에 대한 몰이해에서 온다. 엄마들이 학교와 교사가 원하는 것이 무엇인지 정확하게 모르기 때문에 엄마들끼리 모여 장님 코끼리 만지듯이 학교와 교사의 의중을 추측하다보면 말들이 부풀려지고 진실이 아닌 말이 오간다. 교사들을 만나보면 학교 내에서는 이미 촌지나 선물을 받지 않는 분위기가 형성되어 있다. 사실 요즘처럼 누구나 교육청에 쉽게 접속할 수 있는 세상에서 아직도 촌지를 바라는 교사가 있다는 건 상식적으로도 이해하기 어렵다. 하지만 엄마들의 소문 속에는 명품백을 바라는 교사가 우글우글하며 촌지 안했다고 차별하는 선생님이 가득하다. 학부모에게 이렇게 공포의 대상인 학교에 엄마들이 옹기종기 모여 웃으며 김장을 담그고 있는 것은 내게 신선한 충격이었다.

"학부모님들은 순전히 자원봉사를 하러 오신 분들입니다. 오라고 강요한 적이 전혀 없어요. 스스로 좋아서 오신 분들이지요. 학교가 먼저 손을 내밀면 도움을 주시려는 학부모님들은 얼마든지 있습니다. 우리 아이에게 좋은 일 아닙니까?

저희는 방과후 수업의 질도 자원봉사 학부모님들이 관리합니다. 방과후 강사가 수업을 할 때 반드시 자원봉사 어머니들이 같이 참여합니다. 엄마들은 수업에서 강사를 돕기도 하고 떠드는 아이들을 엄마처럼 타이르기도 합니다. 엄마들이 보고 있는데 강사가 함부로 수업을 할 수가 있겠습니까? 저절로 열심히 수업을 하게 되지요. 물론 처음에는 강사들이 불편해하기도 했죠. 감시당하는 것 같고. 그런데 지금은 완전히 정착이 돼서 오히려 선생님들이 좋아해요.

만약 교사가 아이를 야단치는 일이 있었다고 생각해보세요. 아이가 집에 가서 '선생님이 이유 없이 야단쳤다'고 이른단 말입니다. 그럼 아이 엄마는 교사에게 따지겠죠? 이때 수업을 제 3자의 입장에서 바라본 엄마가 있으니까 교사가 억울할 일이 없는 겁니다. 엄마가 아이들과 교사와 학부모 사이의 중재자가 되는 것이지요. 학교는 방과후 수업의 질을 높이기 위해 강사 워크숍도 오랫동안 하고 수업계획안대로 수업이 진행되고 있는지도 계속 확인합니다. 하지만 학부모가 수업을 체크하는 것보다 더 좋은 게 없어요."

방과후 수업이 잘 이루어지고 있는 학교들의 또 다른 공통점은 학부모와 학교가 원활하게 소통을 한다는 점이다. 방과후 학교란 정규교육과는 또 다른 '교육 서비스'다. 서비스란 서비스를 이용하는 수요자의 니즈를 철저히 반영해야만 성공한다. 교육 수요자인 학부모의 의견을 성실하게 반영하는 것은 방과후 수업의 만족도를 높이는 가장 빠른 방법이다. 학교의 문턱이 낮아 학부모가 학교에 자유롭게 의견을 말하고 학부모의 의견이 학교장에게 잘 전달된다면 수요자에게 꼭 필요한 방과후 수업을 만드는 것은 불가능하지 않다.

가창초등학교는 한 달에 한 번씩 학교와 학부모가 만나 대화하는 시간을 가진다. 이 시간은 교사만 말하고 끝나는 형식적인 자리가 아니라 교사와 학부모가 하루 종일 함께 회의하는 자리다. 학부모와 방과후 강사가 만나는 시간도 따로 정해져 있었다.

"사교육이 전혀 없는 외국 학교들은 학부모가 학교에 올 필요가 없습니다. 정해진 커리큘럼대로 수업을 진행하면 돼요. 하지만 한국은 사교육이 많은 곳 아닙니까? 사교육을 막기 위해서는 학교를 오픈할 수밖에 없습니다. 학교를 오픈하지 않으면 학부모가 불만이 생겼을 때 사교육에 의지하게 됩니다. 만일 학교가 문턱을 낮추고 학부모님들과 대화를 하면 사교육을 배제하고 문제를 해결할 수 있습니다. 우리가 다 같이 아이를 중심으로 모인 사람들 아닙니까? 아이를 중심에 놓고 머리를 모아야죠. 함께 터놓고 얘기하다보면 어려운 문제도 의외로 쉽게 해결됩니다."

다른 학교에서 가장 어려워하는 업무부담 문제를 가창초등학교에서는 어떻게 해결했을까? 가창초등학교에는 코디가 아니라 교무행정 실무원이 있다. 교무행정 실무원은 교무실에 상주하며 방과후의 모든 업무를 총괄한다. 교무행정 실무원 김진아 선생님의 이야기를 들어보자.

"다른 학교에 비해서 저희는 행정적인 업무가 없는 편이에요. 모든 학생이 똑같이 수업을 받으니까 수강신청이나 수강료 환불 같은 문제가 없거든요. 이것만으로도 일이 훨씬 줄어요. 수업에는 각 과목마다 담당선생님들과 실무원분들이 계시는데 선생님과 실무원은 멘토와 멘티처럼 짝지어 일합니다. 서류업무 같은 행정적인 일들은 90% 이상 실무원이 하고 선생님은 결재를 하세요.

선생님들은 애들 돌보는 것만으로도 일이 많으시잖아요.

교사, 방과후 강사, 실무원은 파트너처럼 일합니다. 서로 같이 회의도 하고 자료도 똑같이 공유합니다. 소통이 잘되는 거죠. 이게 학교 분위기이기도 한데, 학교가 조직이다 보니까 어떤 업무를 할 때 '이게 내 업무가 맞나? 내가 이런 말을 해도 되나?' 하는 갈등이 생기거든요. 그때 위에서 '시킨 일만 잘해라.' 그런 압력을 준다면 당연히 위축 되겠죠. 그런데 저희 학교는 그런 게 전혀 없이 다 같이 평등한 일원으로 일해요. 좋은 의견이 있으면 서로 나누고 어려운 일도 서로 돕고. 그러니까 일이 많아도 힘든지는 잘 모르겠어요.

학교 교직원이라는 자부심이요? 당연히 있죠(웃음)."

홍미진진한 일을 막 시작한 사람처럼 환하게 웃는 김진아 선생님을 보다가 나는 약간 울컥했다. '만약 모든 학교의 방과후 실무자들이 저렇게 웃을 수 있다면, 방과후 교실은 얼마나 신나고 재미난 곳일까?' 하는 생각이 들었기 때문이었다. 실무를 책임지는 사람들이 신나서 일하도록 자율과 권한이 허락되는 학교, 차별 없이 일하고 자신의 일에 자부심을 가지는 학교를 정착시키기 위해서는 위에서부터의 개혁이 반드시 필요하다.

인터뷰 시간이 길어져서 업무를 방해하는 나에게 눈치를 주기는커녕 교문 앞까지 마중 나와 좋은 책 쓰라는 덕담과 함께 오랫동안 손 흔들어주던 교감선생님이 이런 말을 하셨다.

"방과후 업무 때문에 교사들이 힘들지요. 방과후가 끝날 때까지는 다른 업무를 못 보니까요. 이런 힘들고 어려운 상황을 이겨내려면 교사로서의 자부심이 있어야 합니다. 아이들을 위해서는 방과후가 꼭 필요하고, 지금 그 일을 하고 있다는 자부심이죠. 자부심을 가지고 모든 교사들이 자발적으로 참여한다면 어정쩡한 방과후 학교를 공교육 안으로 완전히 흡수하는 일이 가능해집니다. 물론 어려운 점은 많지만 학교 교사, 방과후 강사, 실무 담당자들이 함께 힘을 합치면 얼마든지 건강한 방과후 학교를 만들 수 있습니다. 저희가 하고 있지 않습니까."

우리 딸아이가 4학년 때 이런 일이 있었다. 스승의 날이 다가오자 나도 여느 엄마처럼 부담을 느꼈다. 화장품세트라도 사서 보내야 하나, 걱정하고 있던 스승의 날 이틀 전 아이 담임으로부터 편지 한 장을 받았다. 편지 내용은 대충 이랬다.

'스승의 날은 좋은 가르침을 주신 선생님께 감사를 드리는 날입니다. 저는 아이들을 만난 지 얼마 되지 않은 교사이므로 아이들에게 딱히 감사를 받을 일이 없습니다. 만일 선물을 준비하셨다면 아이들의 예전 담임선생님께 그 선물을 보내주세요. 아이가 스승의 날의 의미를 바로 알게 될 것입니다. 스승의 날에는 아이가 손으로 쓴 편지나 아이가 만든 꽃 이외에는 아무 것도 받지 않습니다.'

얼마나 겸손하고 청렴한 편지인지, 나는 편지를 몇 번이나 다시 읽으며 교사의 됨됨이에 감동했다. 이런 좋은 선생님과 수업할 수 있다는 것에 감사했고 무엇보다 선물을 보내지 않아서 느낄 찜찜함으로부터 해방되었다는 게 행복했다. 스승의 날에 학교 암행을 하고 청렴학교 선발이니 하면서 유난 떨지 말고 이런 편지 한통씩만 엄마들한테 보내면 스승의 날 촌지 문제가 얼마나 깨끗하게 해결이 될까도 생각했다. 결국 문제를 해결하는 것은 현장에 있는 사람들이다.

아직 늦지 않았다

'나는 나'를 외치며 젊은 시절을 살아낸 '응답하라 1994' 속의 주인공과 그 선후배들은 가족이나 공동체를 위해 자신을 희생하는, 이전까지의 세대가 가지고 있던 가치관과 이별한 대한민국 최초의 신인류 'X세대'다. 장남이라는 이유로 가족을 위해 희생하고 민주화를 위해 개인의 삶을 포기하던 그 이전 세대들과는 달리 X세대들은 개인의 발전과 자아실현이 인생 최고의 가치라는 신념으로 젊은 날을 살아냈다. 그들은 자신의 관심사 이외에 주변을 둘러보는 일에는 무관심했고 그런 삶이 쿨하다고 서로를 학습했다. 이들이 찢어진 청바지를 입고 열심히 취업준비를 하던 밀레니엄 직전, 이름도 처음 듣는 IMF가 한국을 덮쳤다. 이들에게 그나마 남아 있던 공동체로서의 연대와 소속감은 IMF가 가정과 개인의 삶을 무자비하게 파괴할 때 분절되어 날아갔다. 경쟁력 없는 개인이 얼마나 쉽게 무너지는가를 똑똑히 지켜본 이들은 삶의 기반이 한순간에 무너질지도 모른다는 불안 속에서 경쟁력 있는 개인으로 살아가기 위해 발버둥치며 나머지 날들을 살아냈다.

희망은 공동체의 협력을 통해 온다

내 능력 이외에는 믿을 게 없다는 가치를 온몸으로 학습한 세대들이 학부모가 되자 그들은 '나는 나'라는 신념을 '내 자식은 내 자식'으로 대체했다. '공동체의 성실한 일원'으로서의 자식이 아니라 '다른 아이보다 경쟁력 있는' 자식을 가지기를 바라게 된 것이다. 더불어 자신이 현실적 어려움 때문에 이루지 못했던 자아실현을 자식에게만은 이루어주겠다는 다짐으로 주먹을 꽉 쥐었다. 나를 포함한 우리나라 학부모들에게 자식의 성공은 곧 내 자아실현의 또 다른 이름이다.

내 아이의 경쟁력을 위해 옆집 아이보다 내 아이를 앞서나가게 하려면 옆집 아이는 내 아이의 적이 된다. 사방이 적으로 가득한 곳에서는 옆집 아이의 성취에 화가 나고 앞집 아이의 분발이 불안하다. 그들의 발전이 내 아이의 뒤처짐을 의미하기 때문이다. 우리는 내 아이를 위해 주변 사람들을 적으로 만들며 냉소주의를 형성했다. 자식을 돋보이게 하고 싶다는 확고한 가치관이 냉소가 가득한 교육현장을 만든 것이다. 하지만 이런 냉소주의가 가득 찬 세상 속에서 아이들과 부모들은 다 같이 불행해졌다. 청소년의 자살률은 매년 수직상승하고 있으며• 엄마들은 어깨를 짓누르는 교육의 짐 때문에 비명을 지른다. 더 빨리 달리고 더 많이 앞서야 하는 사회 속에서 우리는 점점 더 빨리, 점점 더 많이 불행해졌다.

방과후 학교는 이렇게 냉소가 가득한 교육현장에서 모두로부터 소외된 채 만들어졌다. 방과후 학교를 운영하는 학교와 수요자인 학부모, 둘 다의 관심 밖에 존재하는 방과후 학교는 마치 사랑받지 못해서 망가지는 아이처럼 우리의 기대를 저버리고 있다.

방과후 학교에서 우리 아이가 더 즐겁게 배우고 더 많이 발전하길 원한다면 우리는 이 거대한 냉소주의를 극복해야만 한다. 희망은 분절된 개인이 아니라 연대하는 공동체로부터 온다. 위에서부터 시작되는 희망이 누군가의 개혁이나 각성으로부터 온다면 아래에서 시작되는 희망은 공동체의 협력을 통해 온다. 우리 아이가 참여하는 방과후 학교에 관심을 가지고 학교의 어려움

• 통계청 사망원인통계를 분석한 결과, 10~19세 인구 10만 명당 자살자 수(자살률)는 2001년 3.19명에서 2011년 5.58명으로 57.2% 증가했다. OECD 31개 회원국의 아동 청소년(10~24세) 자살률은 2000년 7.7명에서 2010년 6.5명으로 감소했지만 우리나라는 6.4명에서 9.4명으로 46.9% 증가해 10년 만에 순위가 18위에서 5위로 뛰어올랐다. 2012, 한국건강증진재단

을 같이 해결하려는 의지들이 모인다면, 우리 아이들은 방과후 학교에서 더 많이 배우고 더 크게 발전할 것이다.

'좋은 영어학원이 새로 생겼다는데 방과후 영어를 끊고 학원을 보낼까?'라고 고민하는 엄마는 지금 이 시간에도 전국에 넘쳐난다. 이때 엄마가 '그래, 영어는 중요하니까 방과후를 끊어야겠다.'라고 결심하는 것은 누구와도 소통이 없었기 때문이다. 우리 애가 어떤 선생님으로부터 어떤 것을 배우는지 모르고 어떻게 실력이 좋아졌는지도 모르니 방과후 수업에 계속 등록할 이유가 없다. 엄마는 방과후 재등록 신청서를 쓰레기통에 버린다. 엄마와 교사가 '아이를 가운데 둔 공동체'로서의 연대가 없기 때문에 벌어지는 일이다.

엄마는 아이의 학교생활을 모른다

사실 엄마는 우리 아이가 학교에서 어떻게 생활하는지 정확하게 모르고 아이에게 지금 가장 필요한 것이 무엇인지도 확실하게 알지 못한다. 그래서 어떤 것을 가르칠지 갈등하는 것이다. 우리 아이에게 어떤 것을 가르칠지 고민할 때, 이 고민에는 반드시 아이를 객관적으로 보고 있는 교사의 의견이 필요하다. 아이가 부족한 것이 무엇이고 잘하는 것이 무엇이며 아이의 발전을 위해 언제, 어떤 것을, 얼마나 오랫동안 가르쳐야 할지 결정하려면 반드시 교사의 조언이 필요하다. 엄마는 교사와 상의하면서 아이를 위한 긴 안목의 목표를 세워야만 한다. 이런 장기적인 목표나 계획 없이 6년 동안 이 교실 저 교실을 기웃거리다가는 '안 배운 것이 없으나 배운 것도 없는' 아이를 만든다. 아이의 발전을 위해 교사는 불가결한 요소다.

엄마가 먼저 방과후 교사에게 손을 내밀자. 물론 엄마의 기대를 저버리는 교사도 많다. 하지만 그들이 자질이 있는 교사인지 아닌지는 대화를 통해 교사를 알아야만 판단이 가능해지는 일이다. 대화를 시도해본 적도 없이 '요즘 교사들은…'이라고 말하는 것은 그야말로 편견이다. 엄마가 먼저 겸손한 태도로 아이에 대해 자세히 묻고, 진정성을 가지고 아이의 문제를 상의하자. 아이가 발전했다면 그 공을 교사에게 돌리고, 말 안 듣는 내 자식을 위해 애쓰고 있다는 감사함을 표현하자. 진실한 감사의 표현은 교사를 하늘로 날아오르게도 하고, 시시한 교사가 뛰어난 교사가 되는 초능력을 주기도 한다. 먼저 이 과정이 선행되어야만 우리는 교사의 질적 수준에 대해 말할 수 있는 것이다.

교사는 엄마가 두렵다. 이제까지 전화가 왔던 엄마들은 대부분 불만을 얘기하면서 화를 냈다. 교사는 엄마들에 대한 트라우마가 있다. 그래서 교사는 먼저 엄마에게 손 내밀지 못한다. 교사가 엄마에게 전화하지 않는 이유는 예의가 없어서가 아니라 엄마가 두렵기 때문이다. 이제까지 말 한번 해본 적 없는 우리 아이의 방과후 선생님은 사실 아이를 사랑하는 사람이다. 이 직업은 아이들이 좋아서 시작한 일이고, 아이들이 좋아서 아무리 어려워도 이 일을 그만두지 못하는 사람이다. 엄마가 먼저 손을 내밀고 대화를 통해 교사와 끈끈한 연대를 맺어가자. 이 연대 속에서 아이의 발전에 대해 함께 고민하고, 학교가 부당한 이유로 교사를 해고하려고 할 때 교사의 에어백이 되어주자. 엄마들이 우리 아이 일이라면 눈에 불을 켜고 달려드는 치맛바람의 상징이 아니라 교사와 함께 이야기할 자세가 되어 있는 사람들이라는 것을 보여준다면 교사의 질은 엄마들이 올릴 수 있다.

학부모가 만드는 올바른 방과후 학교

방과후 학교에 대한 책을 쓴다는 것을 밝히고 방과후 수업의 문제점을 이야기해달라고 부탁을 하자 "그런 거 없는데? 우리 애는 방과후 정말 재미있게 다니고 있어."라거나 "그래도 방과후가 있었으니까 플룻을 했지. 안 그랬으면 부담 돼서 플룻을 그렇게 오래 가르칠 수가 있었겠어요? 나는 우리 애 저 정도로 만들어준 방과후 선생님한테 진짜 고마워요."라고 말한 엄마도 있었고 "별 신경 안 쓰고 한문을 4급까지 끝냈으니 애쓴 선생님한테 그저 감사하죠. 한문을 많이 아니까 책도 쉽게 읽고 두고두고 도움받을 것 같아서 한문 선생님 업어주고 싶어요."라는 말로 나를 머쓱하게 만든 엄마도 있었다.

어떤 엄마는 연말이면 매번 바뀌는 담임선생님 선물은 안 챙겨도 몇 년째 배우는 방과후 선생님 선물은 챙긴다는 말을 하기도 했다. 그들의 눈에서는 방과후 수업에 대한 냉소 같은 것은 찾아볼 수 없었다. 그들은 방과후 교사에게 감사했고 그 감사함을 교사들에게 표현했으며, 교사에게 감사함을 표현하자 아이를 더 성의 있게 가르쳐주더라는 말을 공통적으로 했다. 엄마와 교사의 연대를 통해 좋은 방과후 학교가 만들어지고 있는 현장은, 학교가 방과후를 내팽개칠 때 어떻게 엄마들이 수업을 살려내는지를 생생하게 보여준다.

잘 아는 선생님 한 분이 이런 얘기를 해주셨다. 선생님 반에 말썽을 많이 부리는 아이가 있었단다. 떠들고 산만할 뿐만 아니라 공격적이기까지 해서 가만히 있는 아이들을 때리고 기물을 부쉈다. 선생님은 마음 깊은 곳으로부터 이 아이를 미워하면서 빨리 1년이 지나가서 아이랑 헤어지기를 바랐다. 그런데 어느 날 그 아이의 엄마가 학교에 와서 아이의 이야기를 들려줬다. 아이의 엄마와 아빠는 아이가 어릴 때 이혼을 했고 아이는 계속 아빠와 같이 살았는데 아빠가 매일 술을 마시고 아이를 때렸던 것이다. 이를 뒤늦게 안 엄마가 아이를 데리고 왔는데 이미 아이는 많은 상처를 안고 있었다.

선생님은 아이가 왜 폭력적이 되었는지 이유를 알게 되었다. 그러자 아이를 바라보는 눈이 달라졌다. 예전에는 말썽을 부리면 미웠는데 이제는 측은해진 것이다. 선생님과 엄마는 아이를 더 사랑하고 자주 안아주고 작은 일에도 칭찬을 해주는 방식으로 아이를 도와주기로 약속했다. 선생님은 아이가 조금씩 좋아지고 있다고 해맑게 웃으며 좋아했다.

우리 아이의 문제를 가장 먼저 상의하고 의논해야 할 것은 옆집 엄마가 아니라 선생님이다. 선생님과 소통하자. 선생님들은 촌지나 선물이 아니라 엄마의 진심을 바란다.

아이에게 꼭 필요하고 도움이 되는 것을 방과후 학교에서 가르치겠다는 장기적인 계획을 가지고 교사와 긴밀하게 협력할 때 '학부모가 만드는 올바른 방과후 학교'는 만들어질 것이다.

우리 아이가 참여하는 방과후 학교에
관심을 가지고 학교의 어려움을 같이 해결하려는
의지들이 모인다면, 우리 아이들은 방과후 학교에서
더 많이 배우고 더 크게 발전할 것이다.

/

PART III

/

아이의 특성에 맞는 방과후 수업 선택하기

초등학교 때 내가 배웠던 것은 서예, 주산암산, 영어, 수영이었다. 서예는, 서예가 취미이던 4학년 담임선생님이 원하는 아이들을 남겨서 직접 가르쳐주었는데 아마 선생님한테 잘 보이고 싶어서 신청했던 것 같다. 몇 달 하다가 벼루에 먹을 가는 게 지겨워서 그만두었다. 주산암산은 그때 유행이었고 내가 산수를 워낙 못해서 5학년 때 엄마가 보냈는데, 안 그래도 수학을 못하는 머리에 주판으로 하는 계산 방법을 섞으니 머릿속이 뒤죽박죽 돼서 그 뒤로 산수를 더 못하게 되었다.

6학년 때는 영어를 배웠는데 외국에서 살다 온 아줌마를 선생님으로 모시고 아이들 몇 명이 같이 영어노래를 배우거나 영어책을 읽었다. 그때는 영어를 가르치는 곳이 없었기 때문에 아무도 안 배우는 영어를 배운다는 사실에 좀 으쓱하기는 했다(알파벳을 중학교 가서 처음 배웠으니 생각해보면 참 좋은 시절이었다). 엄마는 비싼 돈에 나를 여기 보내면서 '이렇게 빨리 영어를 가르치니 우리 딸은 나중에 영어를 잘할 것'이라고 생각했을 게 틀림없지만 실상은 전혀 그렇지 못했다. 일단 선생님이 무서웠다. 소리를 지르지는 않았지만 말을 안 들으면 경멸하는 눈으로 쳐다봤다. 팔짱을 끼고 내리누르듯이 쳐다보던 그 눈빛은 지금도 기억이 난다. 그래도 잘하면 칭찬을 해주었는데 칭찬받기가 쉽지 않았다. 내 수준에 맞지 않은 영어를 배웠기 때문이다. 알파벳도 모르고 들어가서 다짜고짜 영어책부터 읽어야 했다. 영어수업을 들으면 들을수록 영어 울렁증이 심해졌다. 영어 트라우마가 생긴 나는 자연스럽게 중학교 올라가서 영어를 포기했다. 수학과 영어를 포기하고 나니 좋은 대학과는 일찌감치 멀어졌다.

그래도 수영은 좋았다. 우리 학교에 수영장이 있었기 때문에 수영부를 모집했는데 수영장에서 놀고 싶어서 배우게 해 달라고 내가 엄마를 졸랐다. 4학년 때부터 6학년 때까지 수영부를 하면서 대회에 나가서 상도 타고 학교의 이름을 드높이는 일(상장에 그렇게 써 있다)도 했다. 중학교에는 수영장에 없어서 졸업을 하면서 자연스럽게 수영을 그만두었다. 수영을 그만두자 급격하게 살이 쪄서 '수학과 영어를 못하는 뚱뚱한 여학생'으로 학창시절을 보내는 흑역사를 써야 했지만, 지금도 수영은 정말 좋아한다. 주말에 수영장에 가서 수영을 하면 일주일의 스트레스가 다 날아가는 것 같다. 집중력을 길러준다는 서예가 나한테는 지겨웠고, 암산 실력을 늘려준다는 주산 때문에 수학을 포기했으며, 영어 조기교육은 영어 트라우마를 불러왔지만 수영은 달랐다. 왜냐하면 수영은 내 스스로 선택했기 때문이다.

엄마들은 대체로 두 가지 기준을 가지고 방과후 수업을 선택한다. 첫째, 아이가 좋아하는 것. 둘째, 아이에게 도움이 되는 것.

첫 번째 '아이가 좋아하는 것'은 아이에게 물어보면 간단하지만 두 번째 '아이에게 도움이 되는 것'은 여러 가지 선택의 기로에 놓인다. 아이의 공부에 도움이 되는 것, 아이의 정서에 도움이 되는 것, 아이의 친구관계에 도움이 되는 것, 아이의 스펙에 도움이 되는 것 등 어떤 것을 기준으로 '도움이 되는 것'을 결정할지가 어렵기 때문이다. 저학년 때는 아이의 정서나 친구관계에 도움이 되는 쪽으로 결정을 하지만 학년이 높아질수록 아이의 공부나 스펙에 초점을 맞춰 방과후 수업을 선택하게 된다. 우리 엄마가 그랬듯이 말이다.

하지만 생각해보자. 엄마가 '우리 아이에게 도움이 될 거야'라는 생각으로 보낸 수업에 참여하면서 아이도 '나에게 도움이 되는구나'라고 생각하는지 말이다. 아이 스스로 배우려는 의지가 없으면 아무리 좋은 교육도 무용지물이 된다. 이것이 교육의 가장 두드러진 특징이다. '말을 물가까지 데려갈 수는 있지만 물을 먹일 수 없다'는 속담은 교육학에서 나온 문장이다.

그럼에도 불구하고 현재의 방과후 학교에는 자신의 선택(40%)보다는 엄마의 압력(44.6%)으로 참석하는 아이들이 더 많다. 친구가 해서(8.8%), 선생님의 권유(6.7%)와 같이 예외적인 경우도 있지만, 영어 같은 교과연계 수업의 경우는 엄마가 하라고 시켜서 한다는 비율이 63.4%로 '영어에 흥미가 있어서(15.5%)'나 '내 미래를 위해서(18.3%)'처럼 스스로 선택하는 경우보다 훨씬 높

왔다.[●]

영어에 흥미가 있고 미래를 위해 필요하다고 느껴서 스스로 참여한 33.8%의 아이들을 제외하면 나머지 아이들은 졸거나 놀거나 떠들거나 멍한 채로 수업시간을 때우고 있다. 이런 수업이 비단 영어수업 뿐이겠는가? 억지로 참여한 모든 수업에서 아이들은 집중하지 못한다. 그렇다고 엄마 입장에서 아이가 하고 싶어하는 수업만 보낼 수도 없다. 아이들은 친한 친구가 간다고 하면 따라가기도 하고 어떤 수업은 선물 준다더라, 게임하게 해 준다더라 등의 말에도 솔깃하고, 자신이 무엇을 원하고 자신이 어떤 수업에 흥미를 느끼는지 잘 모르는 경우도 허다하기 때문이다. 그렇다면 어떤 기준으로 아이의 방과후 수업을 골라야 할까?

● 김경미, 2009, 울산대학교

다중지능 이론을 이용한 방과후 수업 매칭방법

다중지능이론이란 하버드대학교의 하워드 가드너 교수가 만든 이론으로, 서울시 교육감인 문용린 교수에 의해 국내에 소개된 바 있다. 다중지능이론은 인간의 지적능력을 평가하는 하는 IQ[•]가 기억력이나 암산능력처럼 뇌의 일부분을 사용하는 것에 국한되어 있다는 것에 문제를 제기한다. IQ(intelligence quotient)라는 것이 '문제해결능력'이므로 만일 어떤 사람이 삶에서 만나는 문

● 지능검사는 프랑스 심리학자인 알프레드 비네가 취학연령의 아동들 중에서 정신지체아를 가려낼 목적으로 1905년 처음 고안했다. 비네가 고안한 이 검사는 선천적인 지능을 테스트하는 것이 아니라 학습 불능 어린이나 정신지체아를 식별하기 위한 것이었다. 이후 일반인의 지능을 평가하는 '스탠퍼드-비네' 검사로 발전되며 현재 IQ검사의 원형이 됐으나 1970년대 이후 IQ는 인간의 무한하고도 다양한 지능을 적절하게 표현하지 못한다는 비판을 받아왔다. 출처: 두산동아 지식백과

제를 잘 해결한다면 그 사람은 지능이 높다고 말할 수 있다.

그런데 우리는 수학이나 영어를 잘하는 아이에게는 IQ가 높다고 말하면서 운동을 잘하거나 그림을 잘 그리는 아이에게는 지능이 높다고 말하지는 않는다. 오히려 예체능을 잘하니 지능이 낮을 거라는 편견을 갖는다. 운동을 잘하는 사람은 운동과 관련된 직업을 갖고, 다른 사람에게 운동을 가르치고, 스트레스를 받으면 운동으로 풀고, 운동을 통해 친구를 사귀는 등 인생의 중대한 문제들을 운동과 관련된 일로 해결한다. 그런데도 운동을 잘하는 것은 지능과 상관이 없다고 말하는 것이다. 다중지능이론은 여기에 반기를 든다. 언어나 수학을 잘하는 것뿐만 아니라 신체적 능력이나 예술적 재능, 타인에 대한 배려나 자기성찰 등 아이가 가진 특별한 재능은 모두 '지능'의 일부라는 것이다. 이것들이 다 동등한 가치로 평가받고 존중받아야 한다는 게 다중지능이론의 핵심이다. 우리는 우리가 가진 재능을 이용해 삶의 문제를 해결해나가기 때문이다.

하워드 가드너 박사는 인간의 지능을 신체운동지능, 공간지능, 음악지능, 언어지능, 논리수학지능, 대인관계지능, 자기성찰지능, 자연탐구지능의 각각의 8개 부분으로 나누고, 인간이 가진 다양한 지능들이 상황에서 서로 상호작용하면서 발전한다고 주장했다. 어떤 사람은 8개의 지능이 고르게 발전하기도 하고 어떤 사람은 특정 지능이 뛰어나게 발달한 채로 성장하여 독특한 개인을 이루게 된다는 것이다. 그러나 대부분의 학교 수업들은 이렇게 다양한 아이들의 능력을 지능으로 인정하지 않는다. 학교는 아이들에게 논리수학지능이나 언어지능에 치우친 것만 가르친다. 그것도 똑같은 교과서를 똑같은 방식으로 말이다. 그러니 당연히 수학이나 언어 이외의 지능이 높은 아이들에게 지금의 학교수업은 너무나 불리하다.• 그래서 수능과 관련이 적은 신체운동지능이나 음악지능이 높은 아이들은 학교수업을 받으면서 '나는 머리가 나빠서 공부를 못한다'고 위축된다.

이런 획일적 교육방식 속에서 아이들이 자기 스스로를 비하하는 것을 막기 위해 방과후 학교가 필요하다. 비록 정규수업 시간에는 위축되더라도 방과후에 '나를 인정해주고 내가 인정받는 수업'이 기다리고 있다면 아이들은 각각의 지능을 발전시키며 성장할 수 있을 것이다. 내게 "빨리 수업이 끝났으면 좋겠어요. 방과후 수업 가려고요. 방과후 시간이 제일 좋아요."라고 말했던 아이들은 아마도 이런 수업을 발견한 아이들일 것이다. 이제까지 몰랐던 나만의 가능성과 내가 가진 지능을 발견하는 시간. 아이들에게 방과후 학교란 이런 시간이 되어야만 한다. 아이가 스스로의 가능성을 발견하는 시간 말이다.

하지만 엄마들은 아이들의 가능성을 발견할 수 있는 수업을 권하지 않는다. 흔히 "너는 집중력이 부족하잖아. 그러니까 집중력을 높여주는 바둑을 배워." 아니면 "너는 글쓰기가 안 되니까

• 하워드 가드너, 2007, 다중지능

글쓰기 수업을 듣자."라고 말하며 아이의 지능이 낮은 수업을 선택한다.

이런 방식은 불평등한 정규수업 방식을 그대로 따라하는 일이다. 아이가 수업을 아무리 들어도 자신의 지능과 재능이 부족하다는 것을 절절히 깨닫고 스스로를 비하하는 순서가 기다리고 있다. 아이가 못하는 것을 끌어올리기 위해 방과후 수업을 선택하지 말고 아이의 타고난 지능을 끌어올리는 수업을 선택하자. 아이가 자신의 지능이 높은 분야에 대해 격려 받게 되면 능력이 촉진되고 스스로를 더 유능하다고 느끼며 다른 분야로 자신의 능력을 확장한다.●

● 하워드 가드너, 2007, 다중지능

뛰어 놀기를 좋아한다

신체운동지능이 높은 아이

신체운동지능은 다른 지능에 비해 가장 눈에 잘 띄는 지능이다. 아마 김연아 선수나 박태환 선수의 엄마가 지치지 않고 뒷바라지를 할 수 있었던 데에는 그들이 보여주는 신체운동지능이 남달랐기 때문일 것이다.

신체운동지능이 높다는 것은 다른 사람은 배워야만 알 수 있는 운동능력을 배우지 않고도 깨닫는다거나, 다른 사람에 비해 월등히 빠른 속도로 습득하는 능력을 가졌다는 말이다. 흔히 체육을 잘하는 아이들에게 신체운동지능이 높다고 말한다. 물론 체육을 잘하는 아이들은 신체운동지능이 뛰어난 아이들이 맞다. 하지만 반드시 달리기를 잘해야만 신체운동지능이 높은 것은 아니다. 몸이 가볍고 재빠른 아이들도 신체운동지능이 높은 아이들이며 자신의 기분을 말로 표현하기보다 몸으로 표현하는 아이들도 이 지능이 높은 아이들이다. 기분이 좋을 때 춤을 추는 아이들, 떨어지는 물건을 잘 받고 균형 감각이 좋은 아이들, 몸이 유연한 아이들, 촉감에 예민하고 손재주가 좋은 아이들도 신체운동능력이 좋은 아이들에 속한다. 손재주가 좋은 것이 신체운동지능이므로 강남의 유명한 성형외과 의사들은 신체운동지능이 뛰어난 분들이 아닐까 싶다.

신체운동지능이 뛰어난 아이들은 자신의 몸을 쓸 때 쾌감을 느낀다. 자신의 몸을 이용해 무언가를 할 때 다른 활동을 할 때보다 훨씬 성취감이 크고 자존감도 상승한다. 이 아이들은 몸을 이용하는 일을 많이 하도록 격려해야 한다. 신체운동능력이 높은 아이들에게 몸을 못 쓰게 하고 가만히 앉아만 있으라고 하면 다른 아이들보다 훨씬 스트레스를 많이 받고 좌절감도 많이 느낀다. 신체운동지능에는 촉각, 균형감각, 손재주, 유연성, 체력, 특정신체 기술 등이 두루 포함된다.

다음의 물음에 yes라는 답이 많을 경우 신체운동지능이 높다고 본다.

- 규칙적으로 운동을 즐긴다.
- 장시간 움직이지 않고 가만히 있는 것을 못 참는다.
- 바느질, 뜨개질, 모형 만들기 등 손으로 하는 구체적인 활동을 좋아한다.

- 산책을 할 때나 운동을 할 때 좋은 생각이 잘 떠오른다.
- 놀 때는 주로 밖에 나가서 논다.
- 다른 사람과 이야기할 때 손짓이나 몸짓을 자주 사용한다.
- 어떤 사물의 특징을 알기 위해 반드시 만져본다.
- 스키, 놀이기구 타는 것 등 스릴 있는 신체적 활동을 즐긴다.
- 운동신경이 좋다는 얘기를 자주 듣는다.
- 새로운 기술을 배울 때는 이론을 읽기보다 직접 해보는 것이 좋다.

체육을 좋아하고 몸 안에 에너지가 많은 아이들은 운동수업이 가장 좋고, 몸의 움직임에 관심이 많은 아이들은 자신의 신체를 조망할 수 있는 무용 등의 수업이 좋다. 이 밖에도 친구들과 어울려서 땀을 흘리는 수업, 만들기 수업도 신체운동능력이 높은 아이들이 집중력을 키우고 협동심을 기르는 데 많은 도움이 된다.

■ 신체운동지능이 높은 아이가 선택하면 좋은 방과후 수업

육상, 수영반, 검도, 태권도, 펜싱, 스케이트, 축구, 배구, 농구, 야구, 핸드볼, 배드민턴, 당구, 탁구, 테니스, 골프, 아이스하키, 유도, 레슬링, 승마, 역도, 사이클, 합기도, 택견, 탈춤, 쿵푸, 한국무용, 발레, 리듬체조, 에어로빅, 스포츠 댄스, 방송 댄스, 동화구연, 고적대, 연기, 드럼, 밴드, 사물놀이, 종이접기, 아이클레이반 등

* 박스 안의 방과후 과목들은 현재 전국의 초등학교에 개설되어 운영되고 있는 수업들이다. 아이 학교에 개설된 수업을 찾아 아이가 선택하도록 권해주자. 위의 수업들은 단지

다중지능과 긴밀한 관계가 있는 수업을 매칭시켜 놓은 것이므로 수업 선택에 절대적인 것은 아니다.

퍼즐 맞추기를 좋아한다

공간지능이 높은 아이

공간지능이 높은 아이들은 시각과 관련된 통찰력이 높은 아이들이다. 시각적인 것을 잘 관찰하고 이것을 표현하는 능력이 높은 이 아이들은 그림도 잘 그리고 만들기도 잘한다. 자신이 생각한 것을 아이디어로 만드는 재능이 뛰어나기 때문이다. 시각적이고 공간적인 세계에 대한 정확한 지각능력도 있다. 이 지각능력이 매우 뛰어난 사람들이 화가나 디자이너가 된다. 일반적으로 남자들이 여자보다 운전이나 주차를 더 잘하는 것은 남자들의 공간지능과 관련이 있으리라고 보여진다.

공간지능이 높은 아이들은 퍼즐을 맞추는 일을 좋아하기도 하거니와 빨리 한다. 1200피스 퍼즐을 맞추느라 밥 먹으라는 소리에 대꾸도 안 한다면 공간지능이 높은 아이가 확실하다. 이런 아이들은 길눈이 밝아서 한 번 가봤던 길을 잘 기억하고 길을 잃어버리는 일도 거의 없다. 미로 찾기도 잘한다. 제주 미로공원에 풀어놓으면 공간지능이 높은 아이를 금방 발견할 수 있다.

공간지능이 높은 아이들 중 특별히 패션감각이 남다른 아이들도 있다. 공간지능이 색깔에 민감한 특징이 있기 때문이다. 옷을 입을 때 색깔을 잘 배합해서 입는 아이, 선호하는 색깔이 확실하고 그림을 잘 그리는 아이, 잘 그리지는 못해도 개성이 있는 그림을 그리는 아이는 공간지능이 높다고 보면 된다. 수학을 배울 때 숫자나 계산문제가 나오면 하기 싫어하다가도 도형문제에는 재미를 느끼는 아이, 어릴 때부터 블록이나 레고, 도형 장난감을 특별히 선호하는 아이들도 공간지능이 높은 아이들이다. 공간지능에는 시각적 공간적 세계를 정확하게 인식하는 능력, 공간을 바꾸고 재조합하는 능력, 색깔이나 모양, 형태나 공간에 대한 민감성이 포함된다.

다음의 물음에 yes라는 답이 많을 경우 공간지능이 높다고 본다.

- 패션 감각이 남다르다.
- 주변을 사진이나 비디오로 촬영하기를 좋아한다.
- 미로 찾기, 조각 맞추기를 좋아한다.
- 밤에 꾼 꿈에 대해 생생하게 말한다.
- 낯선 장소에서 길을 잘 찾는다.

- 그림그리기, 디자인하기를 좋아한다.
- 숫자보다 도형이 더 쉽다.
- 직접 보지 않고도 어떤 장면을 자세히 상상할 수 있다.
- 전자제품을 뜯어보고 싶어 한다.
- 그림이 많은 동화책을 좋아한다.

꼼꼼하고 차분한 경우에는 미술관련 수업이나 디자인수업이 좋고 활동적인 아이일 때는 사진수업처럼 활동성과 연계된 수업을 권해주자. 다양한 색깔을 만날 수 있는 수업도 좋다.

■ 공간지능이 높은 아이가 선택하면 좋은 방과후 수업

그래픽, CAD, 파워포인트, 한국화, 붓글씨, 회화, 공작, 조각, 염색, 목공예, 유화, 리본아트, 옷 만들기, POP, 비즈, 꽃꽂이, 공예, 소묘, 데생, 디자인, NIE, 만화, 수예, 종이접기, 사진, 애니메이션, 바둑, 보드게임, UCC, 신문제작, 비디오영화제작, 무선통신, 도자기, 요리, 레고, 카프라, 아이클레이, 풍선아트, 로봇반 등

곧잘 노래를 흥얼거린다

음악지능이 높은 아이

음악을 좋아하고 음악을 잘한다면 음악지능이 뛰어나다고 보면 된다. 어릴 때부터 노래하는 것을 좋아하고 춤이라는 게 뭔지도 모를 때부터 음악이 나오면 몸을 마구 흔들며 어린 시절을 보낸 아이들은 음악지능이 높은 아이들이다. 악기를 금방 배우거나 악기를 연주하는 것에 싫증을 잘 안 내는 아이, 반복되는 연습에도 계속 집중하는 아이는 음악재능이 뛰어나다고 볼 수 있다.

악기를 연주하는 것은 지루한 반복이다. 남들에게는 지루하고 반복적인 일을 계속할 수 있다는 것 자체가 이 분야에 재능이 있다는 것을 말한다. 음악지능이 특별히 뛰어난 아이들이 음악가가 된다.

우리는 흔히 TV에서 '부모님이 반대해서 음악을 못 하다가 음악이 너무 하고 싶어서 하던 일을 그만두고 다시 음악을 하게 되었다'라고 고백하는 사람들을 만나게 된다. 이런 고백은 아이들의 재능이, 부모가 막는다고 막을 수 있는 게 아님을 잘 보여준다. 특히 음악이나 미술 같은 예술적 지능들은 아이 스스로 자신의 능력을 예민하게 느끼는 지능들이기 때문에 허튼짓 그만두고 공부하라고 막아봤자 자신의 재능을 찾아 언젠가는 돌아온다.

이 아이들이 자신의 지능을 활짝 꽃피우도록 도와주자. 지금은 워낙 음악분야가 세분화되어 있어서 유명한 가수나 작곡가가 되지 않더라도 좋은 직업인이 될 방법은 얼마든지 있다. 노래를 잘 부르는 아이, 노래를 잘 부르지는 못해도 자주 노래를 흥얼거리는 아이, 음악 듣는 것을 좋아하는 아이, 기존에 있는 노래를 자기 마음대로 바꿔 부르는 아이도 음악지능이 있는 아이다. 이런 아이들은 한 번 들은 멜로디를 잘 기억하고 심지어 한 번 들은 음악을 악기로 연주하기도 한다. 다른 사람이 음정이 맞지 않게 노래를 부르면 이를 잘 지적할 줄 알고 음조나 음색에 민감하다. 음악지능이 높은 아이 중에 청각이 예민해서 큰 소리를 싫어하는 아이도 있다.

다음의 물음에 yes라는 답이 많을 경우 음악지능이 높다고 본다.

- 노래를 잘하거나 박자를 잘 맞춘다.
- 음정이 맞지 않는 음을 잘 찾아낸다.
- 자주 음악을 듣는다.
- 악기를 연주하는 게 좋다.
- 자주 노래를 읊조리고 따라한다.
- 한두 번만 들어도 노래를 정확하게 따라하는 편이다.
- 스트레스를 받을 때 노래를 듣거나 부른다.
- 취미가 음악 감상이다.
- 많은 음악가를 알고 있다.
- 직접 만든 노래가 있다.

개인적 취향이 강한 아이들은 악기 연주를, 성격이 활발하고 친구 사귀기를 좋아하는 아이는 합주나 합창, 오케스트라나 밴드를 권해주고 리듬감이 좋은 아이들은 타악기를 배우게 하자. 음악을 접할 수 있는 다양한 활동을 통해 스트레스를 풀고 재능을 발견하도록 도와주자.

■ 음악지능이 높은 아이가 선택하면 좋은 방과후 수업

합창, 성악, 오케스트라, 밴드, 그룹사운드, 판소리, 가야금, 단소, 피리, 리코더, 장구, 사물놀이, 피아노, 바이올린, 플룻, 클라리넷, 기타, 아코디언, 트럼펫, 멜로디언, 드럼, 우쿨렐레, 오카리나, 작곡, 고적대, 음악 감상, 뮤지컬, 음악줄넘기, 방송 댄스, 치어리더, 재즈댄스, 팝송듣기, 난타반 등

말싸움에서 지지 않는다

언어지능이 높은 아이

억울한 일이 있으면 끝까지 꼬치꼬치 따지는 아이, 속상한 일이 있으면 방에 들어가 문을 잠그고 울면서 일기를 쓰는 아이, 책 읽는 것을 좋아하고 도서관에 가자고 하면 신나서 따라 나서는 아이는 언어지능이 높은 아이들이다. 자신의 학년보다 더 어려운 책도 잘 읽고 신문이나 잡지처럼 어른들이 보는 매체도 쉽게 받아들이는 아이가 있다면 이것 역시 언어지능이 높기 때문이다. 이런 아이들은 글쓰기 수업을 특별히 받지도 않았는데 백일장에 나가서 상도 잘 타오고 자신의 주장을 논리적으로 말하며 글을 쓰는 것에 큰 어려움을 느끼지도 않는다. 다른 사람과 말할 때 상대방의 이야기를 잘 들어주고 다른 사람을 설득하는 것도 잘한다.

언어지능이 높다는 것은 언어로 하는 모든 것을 어려움 없이 구사할 줄 안다는 것이다. 그러므로 이 지능이 높은 아이는 연설도 잘하고 토론이나 말싸움도 잘하고 스스로도 말로 하는 것은 자신 있다고 생각한다. 엄마들이 말대꾸한다고 야단치는 아이들은 사실 언어지능이 높기 때문에 언어로 하는 싸움에서 엄마한테 지기 싫은 것일 뿐이다. 버릇이 없다고 야단치기보다 아이의 이야기를 들어주고 아이의 논리성에 칭찬을 해줘야 한다.

언어지능이 높은 아이들은 언어이해 능력이 높기 때문에 책을 좋아한다. 책을 좋아하니까 어휘력이 높아지고 어휘력이 높다보니 교과서 내용을 쉽게 이해한다. 언어지능이 높은 아이들은 이런 선순환이 계속되기 때문에 공부를 잘한다. 언어지능이 높은 아이들 중에 언어의 민감성이 매우 뛰어난 아이들이 있다. 비가 내리고 바람이 부는 것을 자신만의 언어로 표현할 줄 알고 길에 떨어진 특별할 것 없는 나뭇잎도 특별한 눈으로 바라보면서 언어로 표현하는 아이들. 이 아이들이 커서 작가가 된다.

다음의 물음에 yes라는 답이 많을 경우 언어지능이 높다고 본다.

- 책은 나에게 매우 중요한 물건이다.
- 말하거나 쓰기 전에 해야 할 말들이 머릿속에 떠오른다.
- 텔레비전이나 영화보다 라디오나 신문에서 더 많은 것을 배운다.

- 단어 게임하는 것을 좋아한다.
- 말싸움은 자신 있다.
- 수학이나 과학보다 국어, 사회 과목이 더 쉽다.
- 다른 사람보다 외국어를 빨리 배운다.
- 말할 때 책에서 읽은 문장을 자주 인용한다.
- 내가 쓴 글을 다른 사람들이 자주 칭찬한다.
- 슬프거나 스트레스를 받으면 일기를 쓴다.

이 아이들은 자신의 의견을 이야기할 기회를 가질 수 있는 토론수업이나 논술수업, 방송반, 연극반 등에 흥미를 느낀다. 동시쓰기, NIE, 책읽기 등의 글쓰기 수업이나 영어, 일어, 중국어 등의 외국어 수업을 들으면서 자신의 재능을 확장하도록 도와주자.

■ 언어지능이 높은 아이가 선택하면 좋은 방과후 수업

글짓기, 독서, 감상문쓰기, 소설쓰기, 시쓰기, 논술, 한자, 역사탐구, 역사논술, 소설쓰기, 동시창작, 토론, 고전문학연구, 중국어, 사자소학, 한문, 일어, 영어, 영어연극, NIE, 스토리텔링영어, 연극, 웅변, 영화감상, 동화구연, 연기, 워드, 속독, 신문제작, 비디오영화제작, 방송반 등

수학과 과학을 좋아한다

논리수학지능이 높은 아이

다른 아이들은 지긋지긋해 하는 계산문제를 풀 때 집중력이 최고로 높아지는 아이들이 있다. 수학문제가 많아도 스트레스를 받기는커녕 문제를 풀면서 스트레스를 푸는 아이들. 뭐든지 수학계산처럼 답이 정확한 것을 좋아하고 어떤 것을 말할 때도 꼭 번호를 매기면서 설명하는 아이들. 줄 세우고 분류하고 추론하는 것을 좋아하는 이런 아이들은 논리수학지능이 높은 아이들이다.

일반적으로는 수학을 잘하는 아이를 논리수학지능이 높은 아이라고 보면 된다. 이 아이들은 계산능력뿐 아니라 추리능력도 좋다. 그래서 책을 읽더라도 문학작품보다는 추리소설이나 범죄 스릴러를 좋아한다. 단서를 가지고 범인을 잡는 이야기나 논리적 추론을 통해 정답에 접근하는 것이 너무나 즐겁기 때문이다.

논리수학지능이 높은 아이들은 카드게임이나 보드게임을 할 때 시간가는 줄 모르고 집중한다. 카드게임이나 보드게임이 확률을 가지고 하는 놀이이기 때문에 열광할 수밖에 없다. 다른 일을 할 때는 그렇지 않은데 보드게임을 하다가 지면 심하게 흥분하는 아이는 자신의 추론능력이 부족하다는 것에 화가 난 것이니 '별일 아닌 일에 왜 화를 내냐'고 야단치지 말고 가만히 놔둬야 한다.

이런 아이들은 숫자를 다루는 경제 분야에서 일하거나 건축가, 과학자나 수학자가 어울린다. 아마 '존 그리샴'이나 '스티븐 킹'처럼 끝내주는 스릴러물을 쓰는 작가들은 언어지능과 논리수학지능이 동시에 높은 복 받은 사람들이 아닐까 싶다.

다음의 물음에 yes라는 답이 많을 경우 논리수학지능이 높다고 본다.

- 암산을 잘한다.
- 수학, 과학 과목을 좋아한다.
- '만약 ~하다면'의 가설을 세우는 것을 좋아한다.
- 사물의 규칙이나 논리적 순서를 밝히는 것을 좋아한다.
- 과학계에 새로 발견된 사실이나 소식에 관심이 많다.
- 모든 사물의 이치는 과학적으로 설명된다고 믿는다.
- 사람들의 말과 행동에서 논리적 결함을 찾는 것을 좋아한다.

- 정확하게 측정하는 것을 좋아한다.
- 물건들을 특징별로 분류하는 것을 좋아한다.
- 책을 별로 좋아하지는 않지만, 읽는다면 추리소설을 읽겠다.

수학을 유달리 좋아한다면 수학심화 수업을 듣도록 해주고 과학적 증명이나 설명을 하는 수업, 논리적인 두뇌 사용이 가능한 수업을 찾아서 권해주자. 평소에 꼼꼼한 성격 때문에 스트레스를 받는다면 운동을 하면서 긴장을 완화할 수 있도록 해주는 것도 중요하다.

■ 논리수학지능이 높은 아이가 선택하면 좋은 방과후 수업

수학경진, 수학영재, 주산암산, 창의수학, 스토리텔링 수학, 로봇, 실험탐구, 과학실험, 과학경진, 실험탐구반, 발명반, 엑셀, 프로그래밍, CAD, 컴퓨터조립, 파워포인트, 레고, 종이접기, 논술, NIE, 자기주도학습, 골프, 당구, 지구촌탐구, 우주탐구, 바둑반 등

친구들을 몰고 다닌다

대인관계지능이 높은 아이

친구들을 파도처럼 몰고 다니는 아이, 친구가 아프면 가장 먼저 보건실로 데려가는 아이라면 더 볼 것도 없이 대인관계지능이 높은 아이다. 대인관계지능이란 다른 사람의 기분과 의도를 분별하고 지각하는 능력이다. 친구가 즐거워하면 자신이 더 좋아하고 친구의 아픔을 자신의 아픔처럼 느끼는 것이 대인관계지능의 특징이다. 대인관계지능이 높은 아이들은 친구들을 재미있게 해주려고 웃기는 얘기를 개발하고 친구가 울면 같이 울어준다. 그러니 친구들에게 인기가 좋을 수밖에 없다. 인기가 좋은 이 아이들은 항상 친구들을 몰고 와서 집을 어지르기 때문에 엄마한테 야단도 많이 맞지만, 사실 사회에 나가서 성공하기 위해 가장 필요한 능력이 바로 대인관계지능이다.

학교에서는 공부가 모든 것을 용서해주지만 사회는 다르다. 사회에서는 타인과 원만하게 지내고 주변사람들로부터 인정과 지지를 받는 것이 다른 어떤 능력보다 뛰어난 재능이다. 사회에서 성공하는 사람과 그렇지 못한 사람과의 가장 큰 차이는 무엇일까? 연예인으로 롱런하는 사람과 그렇지 못한 사람, 보험왕이 되는 사람과 그렇지 못한 사람, 아이들에게 인기 많은 선생님과 그렇지 못한 선생님의 차이가 단지 실력의 차이일까? 그보다는 아마 대인관계능력의 차이가 더 클 것이다. 어떤 사회든 사람과의 관계에 성공하지 못한 채 사회적 성공을 이룰 수는 없기 때문이다. 사업에 성공하는 것이나 회사 간부가 되는 것 역시 대인관계가 원만하지 않은 사람에게는 불가능한 일이다. 그러니 친구가 많아서 노느라 정신이 없다는 것은 '공부는 언제 할 거냐'고 야단맞을 일이 아니라 성공을 예약했다고 격려 받고 칭찬받을 일이다.

대인관계지능이 높은 아이들은 한 번 본 사람의 목소리나 얼굴을 잘 기억하고 상대방의 기분을 금방 알아차린다. 대인관계지능이 낮은 사람들은 다른 사람의 표정을 보고 화가 난 건지 불안해하는 건지 잘 구분하지 못한다. 반면에 대인관계지능이 높으면 상대방이 화난 걸 금방 알아차리고 기분을 풀어주려고 노력한다. 대인관계지능이라는 것이 다른 사람의 기분이나 의도, 동기를 빨리 인식하고 효과적으로 반응하는 능력이기 때문이다. 만일 남편이 아내의 화난 표정을 보고도 무관심하다면 그건 사랑하지 않아서가 아니라 단지 대인관계지능이 낮기 때문이라고 너그럽게 이해하자. 만일 엄마가 대인관계지능이 낮다면, 아이는 '엄마가 나를 사랑하지 않는다'고 오해하기 쉽다. 엄마의 대인관계지능은 아이를 위해 점검해야 할 필요가 있다.

다음의 물음에 yes라는 답이 많을 경우 대인관계지능이 높다고 본다.

- 친구를 빨리 사귄다.
- 친구들에게 인기가 좋다.
- 친구들이 어려운 일이 생기면 나에게 조언을 구한다.
- 스트레스가 생기면 친구들을 만난다.
- 수영이나 달리기처럼 혼자 하는 운동보다 야구, 축구 등 단체운동을 더 좋아한다.
- 혼자 TV를 보느니 친구를 불러서 같이 놀겠다.
- 리더십이 있다는 말을 듣는다.
- 누군가를 가르치는 것을 좋아한다.
- 스포츠 클럽이나 캠프 등 다양한 활동에 참여하고 싶다.
- 불쌍한 사람을 보면 나도 슬퍼진다.

대인관계지능이 높은 아이들은 친구들과 같이 참여하는 수업이나 조별 수업, 짝을 이뤄서 이루어지는 수업 등 또래들과 협동할 수 있는 수업을 권해준다. 단체 프로젝트활동, 집단 브레인스

토밍, 토론, 봉사활동도 좋고 멘토가 돼서 다른 친구를 가르치는 경험도 많은 도움이 된다.

■ 대인관계지능이 높은 아이가 선택하면 좋은 방과후 수업

축구, 농구, 배구, 야구, 핸드볼, 배드민턴, 탁구, 탈춤, 동화구연, 연기, 합창, 합주, 사물놀이, 풍물놀이, 고적대, 과학실험, NIE, 웅변, 합창, 오케스트라, 밴드, 그룹사운드, 기타, 드럼, 우쿨렐레, 오카리나, 뮤지컬, 음악줄넘기, 방송댄스, 치어리더, 재즈댄스, 팝송듣기, 방송제작, 난타, 방송반, 응급처치 등

뭐든 혼자서 해낸다

자기성찰지능이 높은 아이

자기성찰지능이 높은 아이들은 엄마들이 다루기 어려운 아이들이다. 고집에 세기 때문이다. 이 아이들은 다른 사람에게 좌지우지되기보다 스스로의 확신이 있을 때 결정을 내리고 행동한다. 그러니 이런 아이들은 엄마가 끌고 가려고 아이와 싸우지 말고 아이 스스로의 결정을 존중해주자.

자기성찰지능이 높은 아이들은 내면적 자아가 강하기 때문에 사춘기를 심하게 겪기도 한다. 사춘기에 엄마 말을 전혀 안 듣고 자기 맘대로 하려는 아이라 해도 자기성찰지능이 높은 아이라고 생각되면 별 간섭하지 않고 가만히 놔둬도 된다. 이 아이들은 스스로의 감정을 잘 관리하고 책임감도 강하기 때문에 무책임한 행동을 할 확률이 낮다.

자기성찰지능이 높다는 것은 자신에 대한 신념과 믿음이 강하다는 말이다. 아이인데도 아이답지 않게 고민이 많은 아이, 말은 별로 많지 않지만 카리스마가 있는 아이, 혼자 책 읽고 고민하는 아이, 시사에 관심이 많은 아이, 어른들의 잘못을 조목조목 반박하는 아이는 모두 자기성찰지능이 높은 아이들이다. 자기 생각이 뚜렷하기 때문에 자신의 생각과 반대되는 의견에 강하게 반발하기도 하고 반대로 자신 이외의 일에는 아주 무관심하기도 하다.

자기성찰지능이 높은 아이들 중에서 내성적인 아이들은 자신이 좋아하는 분야의 책을 읽거나 글을 쓰면서 스스로의 지능을 키워나가고, 외향적인 아이들 중 자기성찰지능이 높은 아이들은 또래의 리더가 된다. 자기성찰지능은 자존감과 연관이 깊은 능력이며 이 능력이 심각하게 손상되면 자폐가 된다. 자기성찰지능이 극도로 높은 사람들은 성직자가 되기도 하는데, 자기 반성적이고 명상적인 일에 큰 기쁨을 느끼기 때문이다.

자기성찰지능이 높다는 것은 자신의 잘못이 무엇인지 반성하고 다시는 그러한 잘못을 저지르지 않기 위해 최선을 다한다는 것이다. 그러니 자기성찰지능이 높은 아이들은 자신이 좋아하는 일을 찾기만 하면 발전 가능성이 가장 높은 아이들이다. 우리 아이가 자기성찰지능이 높다면 아이 스스로 자신의 일을 결정하고 책임질 수 있는 기회를 많이 만들어주고 혼자만의 시간과 공간을 확보해주자. 이 아이들은 혼자 고민하고 성찰하면서 자신이 좋아하는 일을 찾아내야만 성공하는 아이들이다.

다음의 물음에 yes라는 답이 많을 경우 자기성찰지능이 높다고 본다.

- 스트레스를 받으면 혼자 있고 싶다.
- 다른 사람이 내 일을 도와준다고 하면 고맙지만 사양하겠다.
- 어려운 일이 닥쳤을 때 먼저 계획을 세운다.
- '나는 누구일까? 어떻게 살아야 할까?' 등의 철학적 고민이 있다.
- 누가 나에게 조언하는 게 싫다.
- 스스로의 장점과 단점을 잘 알고 있다.
- 사람이 많은 곳은 놀러가고 싶지 않다.
- 독립적인 성격이다.
- 일기를 쓴다.
- 인생의 목표가 뚜렷하다.

자기성찰지능이 높은 아이들은 시 쓰기, 자서전 쓰기, 자기주도학습 프로그램처럼 스스로를 조망할 수 있는 수업이나 옷 만들기, 서예처럼 혼자 몰두할 수 있는 수업을 권해준다. 팀플레이보다는 수영, 검도 등 스스로의 수련을 통해 재능을 발견하는 수업도 좋다.

■ 자기성찰지능이 높은 아이가 선택하면 좋은 방과후 수업

수영반, 검도, 펜싱, 스케이트, 골프, 승마, 사이클, 택견, 한국무용, 발레, 리듬체조, 연기, 드럼, 종이접기, 그래픽, CAD, 파워포인트, 프로그래밍, 한국화, 붓글씨, 회화, 공작, 유화, 리본아트, 옷 만들기, 요리, 서예, POP, 비즈, 꽃꽂이, 공예, 소묘, 데생, 디자인, NIE, 만화, 수예, 사진, 애니메이션, 바둑, 도자기, 로봇, 글쓰기, 독서반 등

하루 종일 개미를 들여다본다

자연탐구지능이 높은 아이

자연탐구지능이 높은 아이들은 책상에 묶어 놓으면 물 안 준 화초처럼 시들시들하다가 자연에 풀어놓으면 온몸에 활기가 돌고 눈이 반짝반짝하는 아이들이다. 실내 놀이터보다는 산이나 바다에서 노는 게 좋고, 놀이동산보다 동물원에 가고 싶고, 아파트 화단의 개미를 혼자 몇 시간씩 들여다보고 있다면 자연탐구지능이 높은 게 확실하다.

동화책 읽기는 싫어하면서 동물도감이나 곤충도감은 끼고 사는 아이, 한글은 모르면서 공룡이나 곤충계보는 줄줄 외우는 아이, 엄마한테 야단맞을 것을 뻔히 알면서도 학교 앞에서 병아리나 토끼를 사가지고 오는 아이도 자연탐구지능이 높은 아이다. 생일선물로 게임기가 아니라 강아지를 원하고, 캠핑을 가자는 소리에 자다가도 벌떡 일어난다면 역시 자연탐구지능이 뛰어나다고 봐야 한다.

가르쳤던 아이 중에 의예과 갈 성적이 충분히 되는데도 수의학과를 가겠다고 했던 아이가 있었다. 부모님뿐 아니라 주변 사람들이 다 반대했는데도 고집을 꺾지 않았다. 다시 한 번만 생각해보라고 조언하자 아이는 “선생님, 직업인데 행복한 걸 해야죠.”라는 어른스런 답변을 해서 나를 반성하게 만들었다. 그 아이가 자연탐구지능이 높은 아이가 아니었을까 생각한다. 그 아이는 아마 지금 자신이 좋아하는 많은 동물들 속에서 행복하게 살고 있을 것이다.

도시에서의 삶을 정리하고 귀농하는 사람들, 주말농장을 가꾸는 사람들, 아파트 베란다에서 열심히 화분을 키우는 사람들도 자연탐구지능이 높은 사람들이다. 최근에 캠핑 붐이 일어나는 것은 먹고 살기 바빠서 잊고 살았던 인간 본연의 자연탐구지능에 눈떴기 때문이 아닐까 싶다. 요즘 아이들은 자연에서 보낼 시간이 워낙 없기 때문에 자신의 자연탐구지능을 별자리를 관찰하고 분류하는데 발휘하거나 엔진 소리만 듣고도 자동차를 구분하는 능력으로 특화시키기도 한다. 이 아이들은 자연을 만나서 자연에서 뛰어놀 때 스트레스도 낮아지고 자존감이 높아지므로 체험활동이나 캠핑 등 자연을 만날 기회를 자주 만들어주자.

다음의 물음에 yes라는 답이 많을 경우 자연탐구지능이 높다고 본다.

- 호텔에서 자는 것보다 캠핑이 좋다.
- 자연보호, 분리수거에 관심이 많다.
- 집에서 동물을 키우거나 꼭 키우고 싶다.
- 식물을 관찰하는 것을 좋아한다.
- 생물과목을 좋아한다.
- 동식물의 차이점을 잘 알고 특징을 잘 외운다.
- 자연을 소재로 한 책을 좋아한다.
- 방학 때 놀이동산보다 산이나 바다로 놀러가고 싶다.
- 동물원, 식물원, 수족관에 가는 것을 좋아한다.
- 글쓰기를 좋아하지는 않지만 꼭 써야 한다면 관찰기록문을 쓰겠다.

방과후 수업 중에 자연을 탐구할 수 있는 수업이 드물지만 가능하면 야외에서 수업하는 과목을 권해주자. 흙이나 식물 등을 만질 수 있는 활동, 스스로 탐구하고 관찰할 수 있는 수업도 좋다.

■ 자연탐구지능이 높은 아이가 선택하면 좋은 방과후 수업

별자리 관찰, 정원 가꾸기, 요리, 과학탐구, 실험관찰, 승마, 숲 체험, 곤충생태, 점핑클레이, 도예, 축구, 골프, 수영, 택견, 한국화, 꽃꽂이, 압화만들기, 종이접기, 옷 만들기, 염색, 소묘, 데생, 오카리나, 서예, 사육재배반, 원예, 문화유적답사, 환경보존반 등

/

PART IV

/

방과후 수업이 꼭 필요한 아이들

어릴 때 동네에 홍수라는 남자 애가 있었다. 얼굴이 정확하게 떠오르지는 않지만 순하고 착하고 잘 웃었던 건 확실히 기억난다. 순하고 착하다는 게 얼마나 큰 장점인지 몰랐던 나는 착한 홍수를 매일 놀렸다.

홍수의 별명은 십홍수였는데 그 이유는 2학년이 될 때까지 이홍수를 10홍수로 썼기 때문이다. 내가 "야, 십홍수!"하고 불러도 홍수는 언제나 웃으며 돌아봤다. 그때 나는 비록 어린 나이였지만 홍수가 빨리 자기 이름을 쓸 줄 알게 되기를 간절히 바랬다. 우리 엄마와 웃으며 얘기하고 있는 홍수 엄마를 보면 '저럴 시간에 홍수 글자 좀 가르치지……' 그런 생각도 했다. '이' 같이 쉬운 글자를 계속 '10'으로 쓰고 있는 멍청한 홍수는 커서 뭐가 될까? 걱정하기도 했다. 2학년 때 그런 걱정을 했던 걸 보면 나는 심하게 조숙했거나 엄청나게 오지랖이 넓었거나 아니면 홍수를 좋아했던 것 같다. 3학년이 돼서야 겨우 자기 이름을 쓰게 된 홍수는 현재 엔터테이너 사업을 하며 승승장구하고 있다. 나보다 돈을 열두 배쯤 더 버는 것은 말할 것도 없다. '그때 놀리지 말고 좀 잘해줄걸……' 지금 와서 후회한다.

나는 가끔 '만약 홍수가 지금의 초등학교 2학년이었으면 어땠을까?' 상상해본다. 구구단을 못 외우는 건 물론이고 자기 이름도 제대로 못 쓰는 2학년 홍수가 지금 초등학교를 다닌다면, 홍수에게 '십홍수'라는 별명은 왕따의 또 다른 이름이 아니었을까 싶다. 홍수는 아마 일찌감치 읽기능력 장애나 학습장애 진단을 받은 채 선생님들로부터 시간마다 야단맞고 친구들한테는 왕따 취급을 받으며 엄마로부터 매일 공부하라는 압력 속에 시달리고 있을 것이다. 이런 상황 속에서 홍수가 착하고 순하고 잘 웃는 자신만의 장점을 잃어버리지 않고 자라날 수 있었을까? 그럴 것 같지 않다. 압력과 스트레스 속에서 인간은 위축되고 망가지기 때문이다.

지금의 아이들은 자신의 삶을 스스로 선택하지 못한다. 홍수는 글자 공부가 하기 싫어 십홍수라는 놀림을 감수하는 선택을 스스로 했다. 하지만 지금의 아이들에게는 그런 선택의 기회가 없다. 어떤 공부를 할지, 어떤 학원을 갈지부터 시작해서 하루의 대부분을 엄마가 선택해준 시간표대로 산다. 아이의 삶에 아이 자신은 빠져 있다. 인간은 자신의 삶을 자기 마음대로 할 수 없을 때 인간이 느낄 수 있는 가장 큰 분노를 경험한다.

만일 내 인생을 시어머니나 남편이 정해준 대로 살아야 한다면 나는 어떤 기분일까. 그런 어이없는 상황을 받아들이느니 당연히 이혼을 택할 것이다. 물론 지금의 삶도 내가 하고 싶은 것만 하면서 사는 인생은 아니다. 가정과 아이를 위해 희생하는 것도 많다. 하지만 이것 역시 내가 선택한 것이지 누가 나에게 강요한 것은 아니다. 나의 희생은 내 선택이기에 감당할 수 있는 것이다.

자신의 삶을 스스로 선택하지 못한 채 엄마가 원하는 대로 살아야 하는 아이들은 참을 수 없이 화가 난다. 엄마와는 이혼할 수도 없으니 이 분노는 끝나지 않는다. 엄마가 무서워 말도 못하고 마음속에 분노를 차곡차곡 쌓아뒀던 아이는 자아가 급격히 성장하는 초등학교 고학년이 되면 자신의 분노를 행동으로 드러내기 시작한다. 엄마들이 사춘기라고 착각하는 증상을 보이는 것이다.

아이의 거대한 분노는 다음의 세 가지로 압축되어 나타난다. 첫 번째는 무기력, 두 번째는 반항, 세 번째는 산만함이다.

엄마는 아이가 빈 칠판 같다고 느낀다.

하지만 엄마가 채워 넣고 싶은 것과

아이가 채우고 싶은 것은 다르다.

무기력한 아이

한영이라는 5학년 아이가 있었다. 하얀 얼굴에 호리호리한 몸매를 가진 한영이는 엄마 뒤에 얌전히 앉아서 뭘 물어도 잘 대답을 하지 않았다. 엄마와 간단한 상담을 한 뒤에 한영이와 이야기를 나누었다.

제일 재미있는 게 뭐냐는 물음에 한참 뜸을 들이던 한영이는 그림 그리는 게 좋다고 말했다. 미술을 배우고 그림도 많이 그리고 싶다고 했다. 하지만 그럴 수 없었다. 엄마는 고학년이 한가하게 미술을 배울 시간이 없다고 생각했기 때문이다. 미술을 배우기에 한영이는 시간이 너무 없었다. 일주일에 세 번씩 영어, 수학 학원에 가야 했고 일주일에 두 번은 과학실험과 역사수업이, 일주일에 한 번은 스토리텔링 수학과 독서논술, 원어민 선생님과의 영어수업이 있었다. 매일 학습지를 풀고 있었는데 시험기간이면 엄마와 같이 문제집도 많이 푼다고 했다.

내가 보기에도 아이는 많이 지쳐 있었다. 학원에 갔다 오면 9시쯤 되는데 학습지를 풀거나 학원 숙제를 하고 나면 대부분은 12시 넘어서 잠든다(초등학생 평균 권장 취침시간은 9시간이다). 항상 피곤하고 시간에 쫓기는 한영이가 가장 많이 느끼는 감정은 좌절감 같았다. 어릴 때부터 자신의 주장이 강하지 않았던 한영이를 엄마는 말 잘 듣는 아이라고 생각했다. 그리고 엄마가 원하는 모든 수업을 다채롭게 시켰다. 한영 엄마는 "어릴 때부터 여러 가지를 시켰는데 잘 따라오더라고요."라고 말했다. "그런데 요즘은 잘 따라오는 게 아니라 다 대충하는 것 같아요. 사회시험을 너무 못 봤길래 역사수업을 시켰는데 분명 수업시간에 배운 것도 잘 모르는 거예요. 사회문제집을 풀면 너무 많이 틀려요. 수업시간에 뭘 하는 건지."

한영이처럼 자기주장이 강하지 않은 아이들은 엄마가 하라는 대로 수긍하는 것처럼 보인다. 하지만 자신이 원하는 것을 가질 수 없다는 것을 아주 어릴 때부터 터득한 아이는 모든 처분을 엄마에게 맡기고 대부분의 시간을 그저 견디고 있다.

무기력한 얼굴로 멍하니 앉아 있다가 뭘 권해도 심드렁한 얼굴을 하고 말을 시키면 짜증부터 내는 아이. 뭘 물어도 '몰라'라고 대답하고 다그치지 않으면 아무 것도 하지 않으려는 아이. 매사에 부정적이고, 아이라면 당연히 가져야 하는 적극성이라고는 손

톱만큼도 찾아보기 어려운 아이. 최근에 가장 두드러지는 아이들의 특징이다.

무기력한 아이를 들여다보면 그 뒤에는 여지없이 아이에 대한 교육열에 불타는 엄마들이 있다. 엄마는 아이를 통해 자신의 자아실현과 꿈의 성취를 바란다. 사회적으로는 획득되지 않는 자신의 존재가치가 아이를 통해 보상받기를 원하는 것이다. 아이가 많기라도 하면 그 중 잘하는 녀석을 고르겠지만 기껏해야 하나 아니면 둘이니 올인하는 수밖에 다른 방법이 없다. 엄마는 말하고 싶다. "나는 비록 꿈을 이루지 못했지만 우리 아이가 이렇게 훌륭하니 제 인생은 성공 아니겠어요?"

엄마의 욕심이 커갈수록 엄마는 아이를 강하게 밀어붙인다. 학교 시험에서 우수한 성적을 올리도록 다그치고 피아노 콩쿠르에서 상을 받도록 연습시키고 경시대회에 나가 높은 점수를 받아오도록 문제집을 풀리고 어떤 부분에 있어서도 뒤처지지 않도록 미술, 바둑, 무용, 논술, 사고력 수학, 스피치에 각 과목 선행학습과 영어몰입교육까지 끊임없이 아이를 채찍질한다. 그 채찍질에 아이가 점점 상처받고 지쳐가는 것은 보이지 않는다. 인생에 대한 불안감이 커져갈수록 아이를 다그치는 방법도 더 다양해진다. 아이가 힘들다고, 그만두고 싶다고 신음소리를 내면 "정신차려. 엄마가 누구 때문에 이 고생을 하는데! 지금 엄마 잘되려고 이러는 거니?"라고 아이의 입을 막는다. 하고 싶은 말을 못 하고 학원과 방과후 학교로 끌려 다닌 아이는, 인간이라면 당연히 가져야 할 주도성을 빼앗긴다. 특히 예민한 아이들, 머리가 좋아서 어릴 때부터 뭘 시켜도 잘 따라하거나 심성이 고아서 엄마에게 대들지 못하는 아이들이 과잉 의욕을 가진 엄마를 만나 어린 시절부터 사교육으로 휘둘려졌을 때, 초등학교 고학년쯤 되면 무기력증이라는 진단을 받게 된다. 자유를 빼앗기고 날개가 부러져 바닥에 쓰러져 있는 아이들이다.

엄마는 아무 것도 하기 싫어하고 심드렁하게 앉아 있는 아이를 보면 심란하다. 저런 정신 상태를 가지고 이 거친 입시의 파도를 어떻게 이겨낼까 불안하기 짝이 없다. 불안에 휩싸인 엄마는 더 좋은 사교육과 더 비싼 자기주도학습 시스템에 아이를 밀어 넣고 아이가 어서 빨리 열심히 공부했던 어린 시절의 모습을 찾아주기를 기대한다. 한영이 엄마가 한영이를 나에게 데려온 이유도 바로 아이에게 없어진 '열심히 하는 태도'를 찾기 바라는 마음이었을 것이다. 하지만 어떤 특단의 조치를 취해도 엄마가 먼저 바뀌지 않으면 아이가 수능을 볼 즈음에 엄마는 화병(火病)으로 병원에 입원해 있을 가능성이 높다. 지금의 입시는 너무나 치열하고 복잡하며 끝없는 인내를 요구하는 긴 터널 같아서 무기력한 아이는 절대 이 터널을 통과할 수 없다. 긴 입시의 터널을 통과할 수 있는 방법은 오직 공부에 대한 흥미와 자신감을 아이 스스로 획득하는 것뿐이다.

"임상의로 일하던 시절 부모들에게서 '따분해 한다'라거나 '의

욕이 없다'라는 평가를 듣는 아이들을 많이 만나보았다. 막상 그 아이들과 직접 면담을 해보면 학교나 가정에서 자기 과제에 집중하고 있을 때 오히려 교사나 부모로부터 방해를 받았다는 이야기를 털어놓았다. 이런 일이 반복되면 화상을 입은 아이가 저절로 불을 멀리하듯이 지적인 활동에 참여하는 일 자체를 회피하게 된다. 아이들이 따분해하고 의욕을 나타내지 않는다고 해서 게을러서라거나 배우려는 흥미가 부족한 것으로 생각해서는 안 된다. 아이들은 스스로 지닌 관심과 열정이 별 가치가 없는 것이라고 배웠기 때문에 따분하고 의욕이 없는 것이다." (데이비드 엘킨드●, 놀이의 힘)

아이 스스로 선택하게 한다

한영이에게 배우고 있는 수업을 다 적게 한 다음 그 중에서 진짜 가기 싫은 수업을 지워보게 했다. 한영이는 수학, 원어민 영어, 독서논술, 학습지를 적었다. 스토리텔링수학, 과학실험, 역사 수업은 괜찮다고 했다. 나는 한영에게 "그럼 당분간 이 수업은 안 하겠다고 엄마한테 말하자."라고 얘기했다. 한영이는 웃으며

● 아동심리학의 세계적인 권위자이다. 2007년 〈놀이의 힘〉을 통해 과대포장 된 교육상품의 맹점을 비판하고 자기주도적 놀이의 중요성을 강조했다. 〈기다리는 부모가 큰 아이를 만든다〉, 〈다 컸지만 갈 곳 없는 청소년〉을 비롯해 지금까지 10여권 이상의 아동심리서적을 펴냈다. 현재 터프스 대학의 아동발달학과 교수로 재직 중이다.

"엄마가 허락을 안 해줄 거예요."라고 말했다. 나는 "너랑 선생님이 같이 힘을 합쳐 엄마를 설득해보자."고 말했다. 한영이의 탐탁지 않은 표정을 보면서 나는 한영이가 "그래도 엄마를 설득할 수 없을 거예요."라고 말할 줄 알았다. 그런데 한영이는 의외의 말을 했다. "그런데요, 만약 학원 끊었다가 수학성적 더 떨어지면 어떡해요?"

학원을 끊기 위해서 아이의 엄마를 설득해야 하는 줄 알았는데, 먼저 아이를 설득해야 한다는 것을 알고 깜짝 놀랐다. 아이도 엄마처럼 학원을 끊으면 자신의 세상이 엉망이 될지도 모른다는 불안을 가지고 있었다. 이 불안 때문에 아이는 좌절과 고통의 시간을 견뎠던 것이다. 아이의 무기력은 거대한 불안과 어지럽게 얽혀 있었다.

무기력은 오랜 시간 동안 자유를 빼앗겼을 때 온다. 공부에서 자신의 의사결정권이 전혀 없었던 무기력한 아이들은 자신이 공부 계획을 짜고, 스스로 하고 싶은 공부를 해본 경험이 없다. 학년이 높아질수록 스스로 공부하는 것밖에는 답이 없는데 스스로 공부할 줄을 모르니 고등학교에 가서 공부를 잘할 수가 없다. 무기력한 아이는 고등학교에 올라가면 교실 맨 뒤에서 책상에 엎드려서 지금 수업이 수학인지 영어인지도 모른 채로 하루하루를 보내게 된다.

이런 아이에게는 스스로 하고 싶은 것을 선택할 기회를 주어야 한다. 물론 아이는 스스로 하고 싶은 것이 없다. '무언가를 하고 싶다는 기분'이 어떤 것인지 잘 모르는 경우도 있다. '무언가를 하고 싶다'는 생각을 할 때 느껴지는 불안감, 즉 '내가 무언가를 선택하면 책임져야 할 텐데 내가 그 책임을 감당할 수 있을까?' 하는 불안도 아이에게는 거대한 벽이다. 그러니 그 불안을 감당할 수 있을 때까지 엄마와 학교가 기다려줘야만 한다. 일단은 체력적으로 지친 아이가 하고 싶은 게 생길 때까지 좀 쉬어야 한다.

나는 한영이 엄마를 설득했다. '스스로 하고 싶다는 게 생길 때까지 좀 놀게 하자. 물론 아이가 집에서 빈둥거리며 놀고 있는 모습을 보는 게 얼마나 속 터지는 일인지 안다. 다른 아이들은 쭉쭉 앞서가고 있는데 내 자식만 저렇게 도태되는 것 같을 것이다. 하지만 천만에. 아이는 지금 스스로를 치료 중이다. 지금 놀면서 하고 싶은 것을 찾는 시간을 주는 것이 중고등학교에 가서 자기주도적으로 공부하게 하는 유일한 방법이다. 아이가 집에서 엄마랑 웃으며 이야기하고 엄마의 부엌일을 돕고 동생을 돌보고 학교 숙제를 스스로 하는 것. 읽고 싶은 책을 골라 읽고 배우고 싶은 것만 배우는 것. 이게 바로 아이의 중증 무기력을 치유하는 단 하나의 처방이다. 엄마 의지로 골랐던 학원은 끊고 아이가 가고 싶다고 하는 것 몇 개만 배우게 하는 것. 하고 싶은 것을 하면서 스스로 공부하는 힘을 키우도록 하는 것. 이게 한영이의 무기력을 고치는 가장 빠른 길'이라고 말이다.

하지만 한영이 엄마는 그럴 수는 없다고 말했다. 대학교를 가는데, 심지어 고등학교를 가는데도 전혀 필요 없는 5학년 2학기 기말고사 때문이었다. 시험이 코앞인데 수학, 영어를 끊는 것은 상상할 수 없는 일이었다. 겨울방학에는 중학교 선행학습 스케줄도 잡혀 있는데 학원을 끊고 어떻게 하란 말이냐고 물었다. 바로 다음 시험, 바로 다음 학기 때문에 엄마는 아이의 먼 미래를 상상하지 못했다.

> "남보다 활력이 많아 더 많은 일을 해낼 수 있는 아이들이 있다. 학교생활도 잘해내면서 동시에 과외활동도 세 가지 이상 참여한다. 반면 그렇지 못한 아이들도 분명히 존재한다. 그런 아이들이 자기 능력 이상의 일을 하려고 들면 보통 대가를 치르게 된다. 이럴 때는 선택한 활동을 언제든지 그만둘 수 있도록 허락을 해주는 게 중요하다." (데이비드 엘킨드, 놀이의 힘)

쉬운 것부터 시킨다

읽기 능력 검사를 해본 결과 한영이는 아직 읽기 능력이 많이 떨어진 상태는 아니었다. 하지만 무기력이 심해질수록 듣기 능력이나 읽기 능력이 서서히 떨어진다. 엄마나 선생님의 말을 듣고 싶지 않기 때문에 집중해서 듣지 않는 습관이 계속되다보니 아예 말을 잘 못 알아듣는 아이가 되는 것이다. 답답해진 엄마는

'왜 말을 안 듣느냐'고 자꾸 야단을 치지만 아이는 말을 안 듣는 게 아니라 말을 못 알아듣는 것이다. 무기력은 아이의 이해력까지 손상시킨다.

한영이 엄마도 "예전에는 한 번만 말하면 되었을 일을 지금은 두세 번 얘기해야 겨우 한다. 항상 딴생각을 한다. 그러니까 준비물도 맨날 빼먹고 가방을 문방구에 놓고 온 적도 있다."고 말했다. 나는 한영 엄마에게, 아이한테 중요한 말을 할 때는 "엄마 눈을 쳐다봐."라고 집중시킨 뒤에 천천히 또박또박 말해주라고 했다. 이때는 간단한 것을 한 번에 한 가지만 시켜야 한다. 그래도 집중이 안 되는 경우에는 아이가 꼭 지켜야 하는 것을 글로 써서 집에 잘 보이는 곳에 붙이라고도 했다. 이런 아이에게는 힘들고 복잡한 것을 요구하면 안 된다. 아이가 간단한 문제를 스스로 해결하면서 자신감을 획득하도록 도와주어야 한다. 한영 엄마는 내가 똑똑한 아이를 무시한다고 느꼈는지 기분 나쁜 표정을 지었다.

한영 엄마는 한영이를 똑똑한 아이라고 생각한다. 그런데 말을 잘 못 알아듣는다. 엄마는 아이에게 화가 난다. 그러니 자꾸 아이를 윽박지른다. 그런데 아이는 엄마한테만 야단을 맞는 게 아니다. 엄마가 답답해하는 것보다 선생님은 더 답답해한다. 선생님은 아이를 대부분 학습으로 평가하기 때문이다. 말을 못 알아듣고 행동이 굼뜬 아이는 담임선생님이나 방과후 선생님, 학원 선생님으로부터 계속 지적을 당할 게 분명하다. 그뿐이 아니다. 친구들로부터 소외되거나 놀림을 당하거나 왕따를 당할 수도 있다. 학교생활이 대부분 모둠활동이나 단체 활동이기 때문에 모둠활동에 마이너스가 되는 친구를 아이들이 반길 리 없다.

주변사람들부터도 지지받지 못하는 한영이와 같은 아이들은 지금 자신감이 바닥에 들러붙어 있다. 아이에게 간단하고 아이가 스스로 할 수 있는 쉬운 것을 시켜서 아이 스스로 할 수 있도록 격려하는 것으로 아이의 듣기 능력을 끌어올려야 한다. 아이가 자신이 무언가를 스스로 할 수 있다는 자신감이 생기면 듣기 능력도 조금씩 좋아진다.

칭찬, 또 칭찬한다

무기력한 아이에게 해야 할 일을 잔뜩 안겨주는 것은 다리가 부러진 아이에게 병원까지 혼자 걸어가라고 말하는 것과 같다. 다리가 부러졌다면 병원에 갈 수 있게 도와줄 누군가의 부축이 필요하다. 그 부축이 바로 '칭찬'이다. 아이가 자신에게 주어진 과제를 해결하고 칭찬을 받는 일. 이것이 무기력에서 벗어나는 유일한 방법이다. 비록 선생님들로부터 칭찬받지 못하고 친구들에게도 무시를 당하지만, 그래서 자신이 부족한 점이 많은 아이라고 위축되지만, 집에 오면 엄마가 두 팔 벌려 맞아주면서 세상에서 네가 가장 예쁘고 너는 너무나 귀한 존재라고 얘기해준다. 아이는 조금씩 자신감을 찾아간다. 무기력의 극복은 자신감의 회복을 통해서만 가능하기 때문에 엄마의 칭찬과 격려, 지지는 아이의 무기력을 치유하는 슈퍼 처방전이다.

'시험이 코앞인데 아이를 놀게 할 수는 없다'라고 말하는 한영이 엄마를 완전히 설득하지는 못했다. 한영이 엄마가 가진 확신과 한영이 엄마가 가진 불안이 내 실력으로는 무너트릴 수 없는 철옹성이었기 때문이다. 대신 한영이를 많이 칭찬해줄 것을 부탁했다. 물론 한영이 엄마의 눈높이에서 보면 아이는 부족한 것투성이다. 특히 엄마가 기대하고 꿈꾸는 자식이 되기에는 터무니없이 멀다. 하지만 아이는 지금 자존감이 다치고 육체적으로도 많이 지쳤다. 이렇게 다치고 지친 상태로 엄마가 원하는 것을 주려고 애쓰는 게 얼마나 힘든 일인가?

우리는 상의 끝에 당장 급하지 않은 독서논술, 원어민 영어, 스토리텔링수학 학원을 끊고 방과후 수업 중에서 한영이가 하고 싶다고 한 미술수업과 요리수업을 하기로 약속했다. 아이는 미술수업을 다시 받을 수 있게 된 것에 기뻐하면서 빨리 요리수업도 해보고 싶다고 웃었다. 한영이가 비록 많은 학습으로부터 자유로워진 것은 아니지만 이제 하고 싶은 일을 하게 되었으니 그 시간에 자신의 주도성을 찾아가리라 기대한다.

무기력한 아이를 회복시키는 유일한 방법은 하고 싶은 것을 하면서 칭찬받는 것이다. 아이가 만들어 놓은 결과에 대한 칭찬이 아니라 아이가 노력한 과정에 대한 칭찬 말이다. 엄마 역시 자신이 칭찬은 안 하고 너무 야단만 쳤다고 말하며 앞으로는 아이를 더 많이 칭찬하고 안아주겠다고 약속하고 집으로 돌아갔다. 한영이가 무기력을 극복하고 엄마가 원하는 아이가 될지, 점점 더 심한 무기력증을 겪게 될지는 알 수 없다. 그저 너무 모든 것이 나빠지기 전에 한영이 엄마가, 엄마가 갖고 싶은 것을 아이에게 가지고 오라는 욕심을 내려놓기를 바랄 뿐이다.

아이는 갖고 싶은 것을 스스로 선택할 권리가 있다. 무엇을 할지를 선택하는 것도 아이의 자유다. 아이가 선택한 것에 실패하고 넘어지더라도 옆에서 지지해주고 그 과정을 칭찬해주는 사람이 엄마여야 한다. 아이를 너그러운 마음으로 기다려줄 때, 아이는 무기력을 극복하고 행복한 사람으로 성장할 수 있다.

반항하는 아이

교육학에는 아이를 바라보는 두 가지 시각이 있다.

첫 번째는 아이가 '자라나는 나무'와 같다는 시각이다. 이 시각은 나무마다 꽃피고 열매 맺는 시기가 각자 다르듯이 아이마다 재능과 특징이 다르므로 아이의 고유한 특성이 스스로 만개하도록 지켜보는 것이 좋은 교육이라고 믿는다. 두 번째는 아이가 '빈 칠판' 같다는 시각이다. 이 시각은 아이는 비어 있는 하얀 칠판 같아서 그 안에 무얼 채워 넣는지에 따라 어떤 아이가 될지 결정된다고 믿는다. 그 안에 채울 내용에 따라 아이가 달라지므로 칠판을 채워줄 부모나 학교가 어떤 교육을 하느냐에 큰 역할을 부여한다. 첫 번째 시각은 아이에, 두 번째 시각은 교육에 포커스가 맞춰져 있다.

물론 좋은 교육은 사람을 변화시킨다. 교육을 통해 더 나은 인간이 되기 때문에 우리가 좋은 교육을 하려고 이렇게 애쓰는 것이다. 하지만 교육이 아무리 뛰어나더라도 교육으로 완전히 다른 사람을 만들 수는 없다. 교육을 통해 인간을 바꿀 수 있다는 생각은 자칫 아이의 특성을 무시할 수 있기 때문에 위험하다.

좋은 교육이란 아이가 가지고 태어나는 재능과 특징을 세심하게 관찰한 후에 시작되는 교육이다. 아이에게 어떤 것을 채울지를 결정하기 전에 우리 아이가 어떤 아이인지를 아는 게 먼저다. 즉 두 번째 이론이 빛을 발하기 위해서는 첫 번째 이론이 바탕이 돼야 하는 것이다. 그런데 아이의 자유로운 성장을 기다리기에 조급하고 불안한 엄마는 아이가 나무인 것은 모르고 그저 빈 칠판 같다고만 느낀다. 그 안에 무언가를 꽉꽉 채워서 모든 엄마들이 부러워할 만한 칠판을 만들고 싶다. 하지만 엄마가 채워 넣고 싶은 것과 아이가 채우고 싶은 것은 다르다. 아이는 나무로 자라고 싶은데 엄마가 자꾸 칠판이 되라고 하면 아이는 화가 난다.

어릴 때에는 엄마가 무서워서 그저 참고 있다가 머리가 굵어지고 자기주장이 생기면 엄마가 자기를 마음대로 한 것이 화가 나서 이 분노를 갑자기 터트린다. 우리가 흔히 '문제아'라고 하는 아이가 만들어지는 순간이다. 특히 자기주장이 뚜렷하고 자아가 강한 아이들, 고집이 센 아이들은 엄마 말을 듣지 않고 튕겨나간다. 이때 엄마는 자신이 분명 옳은 방향으로 끌고 가고 있는데 아이가 말을 듣지 않는다고 생각하고 더 강하게 채찍을 휘두른다. 엄마의 아집과 아이의 고집에 팽팽하게 싸우다가 끊어진다. 아이와 엄마가 원수가 되는 순간이다.

아이는 상처받은 작은 동물이다

준서 엄마는 자신의 고집이 보통이 아니라고 말했다. 그런데 아이 고집도 자기 못지 않다고. 그래서 아이와 항상 전쟁 중이라면서 상담을 요청해왔다.

준서는 어릴 때 받은 인지능력검사에서 상위 1%의 영재라는 진단을 받았다. 아이들의 IQ라는 것은 커가면서 바뀌기도 하고 아이의 컨디션에 따라 달라지기도 하는데 준서가 6학년이 될 때까지 엄마는 이 검사결과를 철석같이 믿으며, "재가 상위 1% 영재거든요."라는 말을 반복했다. 7살에 영재 진단을 받은 준서를 보면서 엄마는 준서가 항상 상위 1%의 성적을 유지하다가 상위 1%만 간다는 서울대를 무난히 갈 것이라고 상상했다.

하지만 준서 엄마의 영재 판단 기준에는 일반적인 영재 기준인 '창의적이고 생산적인 사고능력, 예술적 재능, 신체적 재능, 지도력' 등은 들어 있지 않았다. 준서 엄마 기준에서 영재는 단지 '학습능력'이 뛰어난 아이였다. 준서가 정말 영재인지 아닌지를 정확하게 알 수는 없었지만 확실한 건 준서가 자기주장이 강하고 하기 싫은 것이 분명한 아이라는 것이었다. 준서는 "차라리 엄마가 없었으면 좋겠다. 고등학교 졸업하면 집을 나갈 거다. 외국으로 갈 거다." 같은 말을 했다.

준서 엄마가 준서를 위해 영재학원과 영재교육원으로 아이를 데리고 다닐 동안 준서는 공부를 강요받으며 쌓인 스트레스를 친구들에게 풀었다. 약하거나 말을 안 듣는 친구, 심지어 몸이 불편한 친구까지 때리고 괴롭혔다. 6학년인데 벌써 학교폭력위원회에 두 번이나 불려가자 엄마는 그제서야 자신이 뭔가를 잘못하고 있는 게 아닐까 생각했다. 그래서 준서와의 문제를 해결하고 싶어 했다.

하지만 엄마와 준서는 이야기를 시작하기만 하면 몇 분 지나지 않아 싸웠다. 엄마와 아이는 서로 원하는 것이 달랐고, 둘 다 자신이 원하는 것을 양보할 수 없었기 때문이다. 준서가 점점 엄마에게 소리를 지르며 대들자 엄마는 준서를 보는 것이 두려워졌고 그래서 요즘에는 되도록 애를 안 만나려고 하루 종일 학원으로 돌린다고 했다.

하루 종일 학원에서 보내는 것이 해결책이 아니라는 것을 엄마도 알고 있었지만 방법이 없다고 했다. 준서 엄마는 울먹이며 말했다. "나도 최선을 다하고 있다고요!"

엄마를 속상하게 하는 아이는 사실 상처받은 작은 동물이다. 상처 입은 동물이 자신의 고통 때문에 더 사나워지듯이 지금 아이도 그렇다. 상처받아 으르렁거리는 아이에게 행동을 바로잡겠다는 충고, 체벌, 기합, 응징 등의 모든 방법은 문제를 악화시킬

뿐이다. 아이가 엄마를 강력한 적으로 인식하고 훨씬 더 강한 대응을 준비하기 때문이다. 준서 엄마는 준서가 고집에 세고 뭐든 자기 맘대로 하려고 한다고 오해하지만 어쩌면 준서는 지금 엄마의 관심과 보살핌을 절실히 필요로 하고 있는지도 모른다.

고집이 세고 자기주장이 강한 아이를 키우는 엄마들이 모르는 사실 하나는, 결국 세상은 고집 세고 자기주장이 강한 사람들이 이끌고 간다는 것이다. 엄마가 키우기 쉬운 아이는 무난한 사람이 될 수는 있어도 대단한 인물이 되지는 못한다. 세상에 맞서 싸우는 고집과 용기를 가진 인간만이 자신의 능력을 뛰어넘는 인물이 된다. 그런데 이 고집과 용기는, '너의 고집과 용기는 정당하다'고 지지 받고 인정받을 때 가치를 발하는 것이다.

아이에게도 체면이 있다

준서를 처음 만났을 때 내 눈에는 준서가 관심 받고 싶어 하는 아이로 보였다. 옷을 여러 벌 레이어드해서 입고 가방을 삐딱하게 멘 것도 그렇고 인사할 때도 고개를 까딱하기만 하는 것이 자신을 다른 사람과는 다르게 봐 달라는 제스처처럼 보였다. 나는 아이와 악수하며 반갑게 인사를 건넸다.

"이야, 네가 말로만 듣던 ○○초등학교 짱이구나. 그 학교 짱 대단하다고 소문이 자자하던데 만나서 영광이다."

아이는 엄마한테 억지로 끌려왔을 때와는 사뭇 다른 표정으로 씽긋 웃으며 말했다.

"저는 5학년 때부터 짱이었어요. 6학년 형한테 이겼거든요."

아이에게 짱이라는 수식어는 항상 문제아의 또 다른 이름이었을 것이다. 그런데 처음 만난 자신을 영광인 사람으로 대해주자 아이는 내가 자신의 적이 아님을 단박에 알아챘다. 그렇게 아이를 인정해주니 준서는 의외로 이야기가 잘 통하는 아이였다.

체면요법이라는 것이 있다. 상대의 체면을 살려주는 것으로 상대의 행동을 조절하는 요법이다. 가령 넘어져서 우는 아이에게 "괜찮아. 별로 다치지도 않았는데 그만 울어."라고 말하면 아이는 더 서럽게 운다. 자신이 아프다는 것을 엄마가 인정해주지 않았기 때문이다. 아이가 원하는 것은 '괜찮다'는 말이 아니다. "어머, 정말 많이 아프겠다. 이렇게 크게 다쳤는데 이렇게 잘 참다니, 정말 대단하다."라는 말이다. 자신의 고통과 괴로움을 이해해주고 체면을 살려주면 신기하게도 아이는 울음을 잘 그친다. 나를 인정해준 사람에게 더 잘 보이고 싶기 때문이다.

준서 엄마는 준서를 사랑한다. 하지만 그냥 준서보다 상위 1%의 준서를 더 사랑한다. 나는 준서 엄마에게 준서가 만약 상위 1%가 아니라면 사랑하지 않을 거냐고 물었다. 준서 엄마도 자신이 상위 1%에 집착하고 있다는 것을 인정했지만 그 집착을 버리기는 어려워했다. 준서가 자신을 다른 친구들과는 다른 특별한 사람이라고 생각하는 것처럼 준서 엄마 역시 준서를 다른 아이들과는 다른 특별한 1%로 기대하기 때문이다.

사실 우리의 아이들은 모두 특별한 1%다. 어떤 아이는 공부가 1% 안에 들기도 하고 어떤 아이는 축구가 1%, 피아노나 노래가 1%인 아이, 친구에 대한 배려가 1%, 잘 웃는 게 1%인 아이도 있고, 심부름 잘하기 1%, 골고루 잘 먹기 1%, 줄 잘 서기 1%인 아이도 있다. 그 수많은 기준 중에 단지 문제를 잘 푸는 능력만 특별한 1%로 인정하는 것은 인간의 능력과 가능성을 폄하하는 행위다. 아이에게는 '나는 특별한 1%'라는 확신이 필요하다.

반항하는 아이는 마음속에는 "제발 특별한 나를 알아달라고!"라는 외침이 들어 있다. 그런데 엄마가 아이를 인정해주지는 않으면서 잘하지 못하는 것만 요구하기 때문에 아이는 점점 더 자신의 불만을 비뚤어진 모습으로 표현한다. 지금 아이에게 필요한 것은 "이야, 대단한데? 이렇게 잘 해낼 거라고는 생각도 못했는데 대견하다. 너는 정말 특별한 아이야."라는 인정이며 "네가 자기 고집이 있어서 엄마는 너무 좋아. 언젠가 너는 큰 사람이 될 거야!"라는 지지다. 아이를 믿어주고 북돋워주는 것. 이것이 반항하는 아이가 엄마 말을 듣게 하는 유일한 방법이다.

긴장완화 기술을 가르친다

준서에게 언제 가장 화가 나는지 물었다. 준서는 서슴없이 '애들이 자기 말을 안 들을 때'라고 대답했다. '아이들이 내가 시키는 대로 안 하고 지들 맘대로 할 때 가장 화가 난다'고 말하는 준서를 보자 마음이 답답해졌다. 준서 엄마도 나한테 똑같은 이야기를 했기 때문이다. 준서 엄마는 '준서가 내 말을 안 듣고 지 맘대로 할 때 가장 화가 난다'고 말했다. 준서와 준서 엄마는 거울처럼 똑같은 모습으로 마주보면서 서로를 미워하고 있었다. 준서도 엄마도 자신이 화가 날 때 감정조절이 안 된다는 것을 인정했다. 그리고 이걸 고치고 싶어 하는 것도 똑같았다. 화가 날 때 어떻게 해야 하는지 몰라서 매번 화를 내지만 화를 내는 자기 모습에 항상 실망했다.

나는 준서와 약속을 하나 했다. 화가 날 때 화를 바로 내지 말고 다른 방법을 써보기로 말이다. 그리고 이 약속을 다섯 번 지키면 준서가 하고 싶은 걸 하나 들어주기로 엄마와도 약속했다. 내가 준서와 한 약속은 이렇다.

1. 내가 친구와 싸웠을 때 어떤 일이 일어날지 상상하기.
2. 상상한 모습이 싫다면 그 친구가 없는 다른 장소로 빨리 가기.
3. 그곳에서 친구가 나를 화나게 한 이유에 대해 생각해보기.
4. '나는 친구 때문에 화내지 않을 것이다.' 라고 큰소리로 말하기.
5. 화를 잘 참은 나를 스스로 칭찬해주기.

함께 의논해서 적은 위의 방법을 화가 날 때 써 보겠다고 준서와 약속한 후에 종이에 적어서 노트에 붙였다. 그리고 '친구'를 '준서'로 바꿔서 엄마한테 주고 냉장고에 붙이기로 약속했다. 결국 나한테 화가 난다는 것은 상대방의 책임이 아니라 내 문제라는 것을 인정한 큰 걸음이었다.

아이의 목소리에 귀를 기울인다

엄마는 아이의 잘못을 고쳐주고 싶고 아이의 잘못을 지적하고 싶어서 쉽게 "네가 이렇게 행동하니까 엄마가 그러는 것 아니야?"라고 얘기한다. 하지만 이건 아이와 대화하려는 태도가 아니다. "이제까지 엄마가 너무 엄마 마음대로 해서 속상했지? 미안해. 엄마가 고치려고 노력할게."라고 사과하고 "언제 가장 화가 나니? 엄마가 어떻게 도와주면 좋겠어?"라고 아이의 의견을 물어야 한다.

비폭력대화라는 것이 있다. 이 비폭력대화에는 단계가 있는데 그 첫 번째는 '판단하지 않기'다. 아이가 어떤 말을 할 때 아이의 말이 잘못됐는지 억지 주장을 하는지 같은 것을 일체 판단하지 않고 그저 듣는 것이다. 그것을 '그 자리에 머물기'라고 한다. 엄마는 그저 엄마의 자리에서 아이의 말에 토를 달지 않고 들어주는 것이 첫 번째 할 일이다. 아이가 비록 변명을 한다거나 거짓말을 하는 것 같더라도 잘못을 지적하지 않고 있는 그대로 아이의 말을 받아들여주면 아이는 엄마가 적이 아니라 대화 상대라고 느낀다.

두 번째 할 일은 아이의 느낌과 욕구에 귀를 기울이는 것이다. 아이가 지금 어떤 기분을 느끼는지, 아이가 듣기를 원하는 말은 무엇인지 생각해보고 그 말을 해주는 것이 두 번째 할 일이다. 아이가 지금 어떤 말을 듣고 싶은지 잘 모를 경우에는 아이에게 질문을 하자. "너는 지금 뭐가 가장 화가 나는데?", "지금 기분은 어떤데?"라고 묻고 아이가 답답하다거나 화가 난다거나 억울하다고 말하면 아이 말을 그대로 따라 해준다. "아, 그러니까 너는 지금 다른 사람들이 네 기분을 몰라줘서 답답하구나. 아, 너는 친구 때문에 화가 났구나. 그 친구가 그렇게 말해서 억울하구나."

아이의 말을 해석하고, 판단하고, 비난하고, 강요하는 일체의 행위를 멈추고 아이의 목소리에만 귀를 기울인다. 이것이 바로 아이와 좋은 대화를 하는 엄마의 태도다. 이런 대화를 엄마가 할 수 있다면 아이가 느끼는 스트레스와 분노는 훨씬 줄어든다. 엄마가 자신을 알아주고 자신의 기분을 이해해주었기 때문이다. 결국 좋은 대화란 좋은 충고를 해주는 것이 아니라 깊은 감정의 교류를 하는 것이다. 엄마가 자신의 상처를 보듬어주고 자기를 도와주려는 걸 알게 되면 아이는 발톱을 거둔다.

준서는 운동을 하고 싶어 했는데 축구를 하다가 친구를 때려서 축구반을 그만둔 경험이 있었다. 그래서 팀 경기 말고 오히려 상대와 대결을 하는 검도를 방과후에서 배우기로 했다. 목검을 쓸 수 있게 된 것에 아이가 으쓱한 것 같았다. 목검으로는 사람을 때리면 절대 안 된다고 하자 자기를 어떻게 보는 거냐고 오히려 나를 나무랐다. 다음 시험에는 꼭 성적을 올리기로 약속하고 방과후 드럼반에도 들었다. 아이가 드럼을 두드리며 스트레스를 해소하게 될 것이라 생각하니 내 기분이 다 좋아졌다.

"아이의 문제는 복합적인 요인들이 작용합니다. 환경적인 요인도 있고 유전적인 것도 있고 교육방식의 문제도 있지요. 그런데 심리학에서는 유전적인 요인을 많이 얘기해요. 예를 들어 첫째아이는 엄마아빠의 밝고 건강한 성격을 많이 전해 받았어요. 그럼 이 아이는 삶이 편안해지겠죠. 그런데 둘째아이는 엄마아빠의 반항적이고 예민한 성격을 많이 물려받았어요. 그럼 얘는 취약해지는 거예요. 그런데 유전적인 것은 바꿀 수가 없잖아요. 바꿀 수가 없기 때문에 어려워요. 성격을 바꾸는 게 어렵기 때문에 더욱 더 환경을 바꿔줘야 해요. 환경이 변화하지 않으면 아이의 변화를 기대할 수 없어요. 아이들의 환경이라는 게 집과 학교가 전부잖아요. 그러니까 가정과 학교가 공조해서 같이 아이를 위해 으쌰으쌰 노력해야만 합니다. 가정도 학교도 아이가 가진 성격과 특징을 잘 이해해주고 아이 스스로 자신의 단점을 극복하고 장점을 계발할 수 있도록 함께 기다려주고 응원해야 해요. 그래야만 아이의 변화를 기대할 수 있는 것이죠."(발산중학교 손우정 상담교사)

산만한 아이

산만하다는 것은 아이가 가진 가장 대표적인 특성이다. 아이는 원래 호기심이 많고 산만하도록 만들어진 존재다. 호기심이란 세상을 탐험하라고 조물주가 아이들에게 준 선물이다. 아이라면 당연히 산만해야 한다. 산만한 시간은 충실한 호기심으로 세상을 배워가는 시간이기 때문이다.

그런데 공부가 너무 일찍부터 많은 아이들의 미션이 되면서 산만한 아이는 문제아가 되었다. 문제아로 낙인찍힌 아이는 그 낙인 때문에 학교에서 늘 가장 먼저 야단맞고, 친구들로부터 공부 못하는 아이로 찍혀서 상처받고, 수업시간 모둠활동에서 제외된다. 방과후 수업에서 벌 서고, 학원에서 혼난다. 호기심이 많다는 이유로 늘 야단맞고 벌을 서다보면 아이는 우울해지고 우울해질

수록 더 산만해진다. 우울증이 오면 말이 없어지는 성인과 달리 아동기 우울증은 집중력 장애로 나타나기 때문이다.

산만한 아이는 공부를 시키기 너무 어렵기 때문에 엄마를 가장 힘들게 하는 아이지만 '산만하다는 것' 자체는 아이들의 건강한 특성이다. 산만한 것은 아이가 문제가 있어서 그런 것이 아니라 호기심이 많아서 그런 것이라고 긍정적으로 바라봐 줘야 한다. 다른 사람이 다 아이를 손가락질 한다 해도 엄마가 지지해주면 아이는 위축되지 않는다. 세상 밖에서 모두에게 문제아라고 낙인찍힌 아이를 엄마까지 야단친다면 아이는 도망칠 곳이 없다.

사실 산만한 아이는 다른 아이들보다 창의력이 뛰어난 아이들이다. 창의적이고 재미난 일들이 머릿속에 가득하기 때문에 재미없는 수업시간에 집중이 안 되는 것이다. 창의력이란 21세기 인재에게 가장 필요한 조건이다. 20세기는 공부를 많이 해서 많은 정보를 가지고 있는 사람이 인정받는 사회였다. 공부가 일부 사람들의 특권이었기 때문이다. 하지만 지금은 세상에 존재하는 모든 정보가 인터넷에서 공유된다. 검색창에 두드리면 세상에 존재하는 모든 지식이 다 튀어나오는 세상에서 남보다 더 많이, 더 빨리 외우는 것이 무슨 소용이 있을까. 그런데도 학교는 아직 20세기 방식으로 아이들을 공부시킨다. 더 많이 외우고 더 많은 문제를 풀라고 채근하면서 말이다.

학교는 아직도 변함없이 20세기 방법으로 아이들을 가르치지만 대학은 더 이상 이런 기준으로 아이들을 뽑지 않는다. 대입에서 수시선발 비중이 점점 높아지고 입학사정관제가 정착되는 것은 많이 외우는 아이가 아니라 다양한 가능성과 역량을 가진 아이를 뽑겠다는 의지다. 사실 지금의 아이들이 겪는 입시의 고통은 20세기 방식으로 공부를 시켜서 21세기 방식으로 선발하는 입시 부조리에서 비롯된 것이다.

아이는 호기심 많고 산만하도록 만들어진 존재

지호 엄마는 지호가 갑자기 산만해진 때가 지호 엄마와 아빠가 이혼소송을 할 때인 것 같다고 말했다. 지호가 4학년 때인데 그때 지호네 가정은 항상 고성이 오가고 폭력이 난무하던 곳이었다. 지금은 문제가 원만하게 해결되어 엄마 아빠가 이혼하지 않고 잘살고 있지만 그 무렵부터 엄마는 학원에서 지호가 너무 산만해서 수업에 방해가 되니 학원을 그만두면 좋겠다는 전화를 받기 시작했다. 자존심이 상했던 지호 엄마는 학원선생님과 싸우고 학원을 그만두기를 반복했지만 어느 학원을 가도 똑같은 문제가 발생하자 결국 지호에게 문제가 있다는 것을 인정하지 않을 수 없었다. 선생님으로부터 들은 바에 의하면 수업시간에 계속 샤프 펜슬을 해체했다가 조립하고, 연필심을 부러뜨렸다가 깎기를 반복하고, 야단을 치면 책상 밑으로 들어가서 안 나오고 잠시도 수업에 집중을 못 한다고 했다.

지호 엄마는 지호가 어릴 때부터 신체활동이 활발하고 에너지가 많은 아이라고 말했다. 잠시도 가만히 못 있고 늘 뛰어다니는 것을 좋아해서 팔에 깁스를 세 번이나 했다고 말이다. 나는 어릴 때부터 지호를 봐 왔는데 늘 무리 중에 가장 열심히 뛰어다니는 아이였다. 지호 엄마는 그런 지호가 걱정이 되었다. 공부를 해야 할 나이에 계속 저렇게 산만해서야 어떻게 공부를 할 수 있을까 하고 말이다. 나는 지호 엄마한테 지호가 에너지가 많은 아이니까 클럽활동이나 스포츠를 시키는 게 어떠냐고 권했다. 하지만 지호 엄마의 생각은 달랐다. 지호 엄마는 지호의 산만함을 잡기 위해서 방과후 수업도 바둑, 주산암산같이 오래 집중해야 하는 곳을 보내고 학원도 선생님이 무섭다고 소문난 소수정예 학원만 골라서 보냈다. 지호 엄마는 지호의 문제가 엄마 아빠의 싸움 때문에 4학년 때 발생한 것이라고 믿고 있었지만 지호는 어쩌면 1학년 때부터 차곡차곡 문제를 쌓아오다가 4학년 때 폭발시킨 것이 아닐까 하는 생각이 든다.

에너지가 많고 집중력이 짧기 때문에 정규 수업시간에 늘 야단맞는 산만한 아이들에게 필요한 것은 삶의 밸런스다. 비록 수업시간에는 야단맞지만 집에 오면 산만함을 눈감아주고 신체적 에너지와 호기심을 마음껏 발산할 수 있도록 생활의 밸런스가 맞으면 아이는 학교에서의 생활을 그럭저럭 견뎌낸다. 그러나 산만함을 눈감아주는 사람이 아무도 없이 늘 야단치는 사람들과 있으면 아이의 산만함은 더욱 심해진다. 나쁜 점이 더욱 두드러지는 것이다. 이때 아이의 산만함은 아이의 에너지 때문에 생기는 건강한 산만함이 아니라 비정상적인 산만함이다. 자연에 있던 원숭이를 동물원 우리에 가두면 의미 없는 소리를 지르며 정신없이 철창 안을 반복적으로 오가는 행동을 하는데, 잠시도 가만히 있지 못하는 아이들의 행동이 이와 비슷한 것이 아닐까 생각한 적이 있다.

나는 그저 엄마들의 어려움을 들어주는 사람일 뿐 의사가 아니기 때문에 지호 엄마에게 병원에 가서 아이의 검사를 한 번 해보는 게 어떨지 제안했다. 지호 엄마는 나와 오랫동안 알고 지낸 사람이었는데도 내 말을 오해하고 우리 애는 정신병이 아니라고 말했다. '아이가 정신병이라고 생각해서 병원에 가는 것은 아니다. 우리가 몸에 열이 나면 병원에 가서 열이 나는 원인이 감기 때문인지 폐렴 때문인지, 아니면 다른 병 때문인지 정확한 진찰을 받듯이 그저 아이가 어떤 문제 때문에 수업에 적응을 못하는지 알아보기 위해 병원에 가는 것이다.' 아마 이런 말을 했던 것 같다.

지호 엄마는 병원에서 처방하는 약에도 극렬한 거부감을 나타냈다. 약에 무서운 부작용이 많다고 말이다. ADHD 약의 부작용까지 알아본 것을 보면 인정하지 않으려 하지만 지호 엄마도 지호가 ADHD가 아닐까 의심하고 있는 듯했다. 나도 아이에게 약을 쓰는 것에 찬성하지는 않는다. 약은 화학약품이고 화학약품에 부작용이 없을 수 없다. 하지만 그것 역시 전문가인 의사와 상의하자고, 되도록 약을 처방하지 않는 병원을 같이 찾아보자고 설득했다. 지금은 지호 엄마가 지호 아빠를 설득하는 중이다.

좋아하는 것에 '집중'하도록 한다

20년 전에는 세상에 ADHD라는 병이 존재하지 않았다. 아무리 산만한 아이도 '으이구, 저 장난꾸러기!'라는 말과 함께 꿀밤 한대 맞고 끝이었다. 하지만 지금 산만한 아이들은 ADHD라는 병명을 갖는다. 산만하다는 것이 병이 되어버린 세상에서 이 아이들은 갈 곳이 없다. 잠시도 생활을 유지할 수 없을 정도로 산만한 것이 아니라면, 아이가 산만한 원인은 재미가 없기 때문이다. 아무리 산만한 아이라도 게임을 할 때는 집중한다. 게임은 재미있으니 말이다.

아이는 재미없는 학교수업을 대여섯 시간이나 들었다. 그런데 그 뒤에도 재미없는 방과후 수업과 더 재미없는 학원수업이 계속 남아 있다. 어차피 재미없는 수업이 끝없이 남았으니 어떤 시간이든 아이에게는 다 똑같이 집중할 수 없는 시간이다. 산만한 아이를 집중시키기 위해서는 아이가 어떤 것을 할 때 가장 재미있어 하는지 알아야 한다. 아이를 가만히 관찰하자. 그리고 아이가 재미있어 하는 것을 할 수 있도록 도와주자(게임은 빼고). 다른 것은 다 끊더라도 레고는 재미있어서 그만두고 싶지 않다고 말하면 레고 시간을 더 늘려주고 다른 사교육을 끊자. 어차피 엄마가 원하는 방과후 수업이나 학원에 보내봤자 아이는 수업을 듣지도 않는다. 그저 뒤에서 떠들면서 수업을 방해하거나 손들고 선생님한테 벌이나 설 뿐이다.

먼저 아이가 좋아하는 것에 집중하도록 유도해서 '집중'이 어떤 것인지 경험해야만 한다. 아이가 자신이 하고 싶은 것을 하면서 집중하는 것. 그리고 집중하는 시간을 조금씩 늘려가는 것. 이 시간을 수업으로 확장하는 것이 아이의 산만함을 바로잡는 방법이다. 아이가 좋아하는 수업 한 두 개만 선택해서 열심히 하게 되면 아이는 이 시간에 '집중'이라는 것을 경험한다. 그러면 방과후 수업시간에 집중하던 경험을 수업시간으로 확장할 가능성이 높아진다.

산만함은 창의력과 상상력의 표현이다

산만한 아이가 가장 잘 드러내는 특징이 엉뚱함이다. 수업시간에 수업 내용과는 전혀 상관없는 말로 아이들을 웃겨서 수업 분위기를 흩트리고, 엄마한테 야단맞고 있는데도 딴 이야기를 해서 엄마를 열 받게 하고, 선생님께 야단맞고 벌 서고 있는 중에도 재미를 찾는 것이 이 아이들의 특징이다.

산만한 아이는 집중을 못 하는 게 아니라 자신의 머릿속에 떠오르는 일에 집중하고 있는 것이다. 다만 그 생각이 엄마나 선생님의 일반적인 생각과 일치하지 않을 뿐이다. 아이가 하는 엉뚱한 말에 웃어주고 어떻게 그런 생각을 하게 되었는지 진지하게 궁금해 해주자.

노벨상 수상자들이나 위인전 인물들 중에 "저는 어릴 때부터 모범생이었습니다."라고 말하는 사람은 아무도 없다. 오히려 약속이나 한 듯이 자신이 얼마나 산만하고 엉뚱한 문제아였는지에 대해 이야기한다. 결국 위대한 성취는 인간의 엉뚱한 발상과 그 발상의 가능성을 믿는 힘에서 오기 때문이다.

우리 아이가 가진 창의적인 특징과 독특한 가능성이 이 선생님의 야단과 저 선생님의 지적 때문에 깎이고 없어지지 않도록 아이의 엉뚱함을 엄마가 열렬히 지지해주고 사랑해주자.

'너의 산만함은 창의력이나 상상력의 다른 이름이며 엄마는 그것이 너무나 소중한 너의 재능이라는 것을 알고 있다'고 아이한테 얘기해주자. 사람들이 아직 그걸 모를 뿐 언젠가는 너의 그 재능이 꽃처럼 활짝 피어나리라는 것을 믿어 의심치 않는다고. 진심으로 아이의 눈을 보며 이야기해주자. '나를 저렇게 믿어주고 사랑해주는 엄마를 기쁘게 해주기 위해 기말고사는 잘 봐야겠다'고 아이 스스로 각오해야만 정말 기말고사를 잘 볼 수 있다.

몸을 움직여 에너지를 발산시킨다

대부분 산만한 아이들은 신체적인 에너지가 많다. 이 아이들은 40분 동안 가만히 앉아 있어야 한다는 자체가 고문이다. 수업시간 6교시 동안 가만히 앉아 있다가 학원에 가서 3~4시간을 또 앉아만 있어야 하는 아이에게 매일 매일은 고문의 연속인 날들이다. 이 아이들에게는 뛰면서 몸에 쌓인 에너지를 식힐 시간이 필요한데 꼼짝없이 붙잡혀 있으니 움직이지 못해서 생기는 잉여 에너지를 수업시간에 쓰는 것이다.

아이를 제어할 수 없는 엄마들이 어쩔 수 없이 아이를 앉혀놓아야 할 때 흔히 게임을 시켜준다. 산만한 아이가 유일하게 조용히 앉아 있는 시간이 게임하는 시간이기 때문이다. 그래서 식당에 가거나 공공장소에서는 아이에게 항상 게임을 허락한다. 아니면 '공부 한 시간 하면 게임 30분 할 수 있도록 해준다'고 약속하기도 한다. 하지만 산만한 아이가 게임에 중독되면 산만함이 더 심해진다. 게임이 전두엽을 점점 더 손상시키기 때문이다. 아이의 산만함을 잠재우기 위해 게임을 허락하고, 게임을 하다가 산만함이 심해지는 악순환이 반복되면 아이는 게임중독을 점점 더 떨쳐낼 수가 없다.

지호는 게임하는 시간을 줄이기로 약속하고 집에 오면 휴대폰을 엄마한테 반납하는 대신 지호가 좋아하는 방과후 풋살반에 등록하기로 했다. 풋살을 할 수 있게 된 지호는 너무 기뻐했다. 영어학원도 당분간을 끊고 대신 지호가 고른 방과후 로봇 제작반에 들었다. 로봇을 조립하는 순간에 지호는 더 이상 연필을 깎지 않을 것이다. 지호 엄마는 담임선생님과 상의해서 승마반에도 들었다. 지호네 학교에는 승마장이 가까이 있어 방과후 승마반이 운영되고 있었는데 산만한 친구들이 말들과 친해지면서 집중력이 높아지는 것을 보고 담임교사가 추천해준 것이다. 자신이 좋아하는 수업을 받으면서 지호의 세계가 점점 즐거움으로 채워지리라고 확신한다.

"무기력한 아이, 반항하는 아이, 산만한 아이를 명확하게 구분하는 건 좀 어렵습니다. 긴 스펙트럼 안에서 이 모든 모습을 다 가지고 있는 아이들이 많아요. 예를 들면 대부분의 시간을 무기력하게 보내다가 자신을 야단치는 사람에게는 극렬하게 반항하고, 공부를 하고 있는 것 같아도 집중을 못 하는 산만함을 동시에 가지고 있는 거죠. 교실에서는 무기력하다가 집에서는 반항하는 아이도 있고 그 반대도 있습니다.

이 아이들은 성장과정에서 주변사람들로부터 인정받지 못했다는 공통점을 가지고 있어요. 학교에서도 가정에서도 자신의 능력이 가치 있다고 인정받지 못한 아이들이 이런 문제를 보입니다. 아이들을 인정하고 지지해주는 환경이 얼마나 중요한지 상담을 할수록 절실하게 느낍니다. 엄마들과 얘기를 해보면 아이의 문제를 직시하지 못하는 경우가 많은데 그건 아마 엄마들이 문제의 핵심 안에 들어 있는 사람들이라서 그럴 겁니다. 문제의 안에 들어 있기 때문에 문제의 밖에 존재하는 선생님이 객관적으로 지적하면, 상황의 심각성을 전혀 못 받아들이거나 받아들이기 힘들어 하죠. '우리 아이가 정확하게 어떤 점 때문에 힘들구나'를 모르는 것 같아요. 왜냐하면 엄마는 엄마 방식대로 최선을 다하고 있거든요. 하지만 엄마가 아무리 최선을 다한다 해도 그건 오로지 엄마 방식이라는 데 문제가 있습니다. 아이를 위한 방식이 아니고.

아이에게 맞는 최선이 무엇일까를 고민해야 합니다. 물론 아이에게 생기는 문제가 유전적, 정서적, 환경적인 요인으로 인해 복합적으로 일어나는 일이긴 합니다. 하지만 주변 환경이 개선되면 아이가 확연히 좋아지는 만큼 엄마와 학교 선생님이 같이 아이의 환경을 변화시켜주기 위해 노력하는 게 절실하게 필요합니다."(발산중학교 손우정 상담교사)

| 마치는 글 |

이전 책들을 쓸 때는 신이 났었다. 학원이라는 거대한 적이 있고, 나는 그 적과 싸우는 전사가 된 기분이었다. 적을 이기기 위해 어떤 전략이 필요한지 엄마들에게 알리는 사명감으로 자판을 두드렸다. 그런데 이 책을 쓰는 동안은 계속 고통스러웠다. 적도 없고 승자도 없는데 모두가 상처받고 있었기 때문이다. 방과후 학교의 예산이 늘어나면 늘어날수록 학교와 교사와 아이들이 더 크게 다치는 것을 눈으로 확인하는 일은 괴로웠다. 어떤 날은 인터뷰하러 가는 길이 두려울 때도 있었다. 그깟 성과가 뭐길래 아이들이 마음껏 뛰놀며 자신의 재능을 키워가야 할 방과후 시간마저 엉망으로 만드나 싶어 억울하고 분했다.

방과후 수업이 잘 이뤄지고 있는 학교를 보며 희망을 가지기도 했지만 "다음달 중 초등학교 돌봄교실을 800개 늘리겠다."는 기사를 보고 다시 좌절했다.● 아무런 준비 없이 갑자기 만들어진 800개의 교실에서 또 얼마나 많은 교사와 학생들이 힘들어 할까를 생각하면 가슴이 답답하다.

이 고통을 끝내려면 학부모는 아이들에게 묻고, 교육부는 학교와 학부모에게 질문하는 일이 끊임없이 계속되어야 한다. 엄마는 아이에게 "수업이 즐겁니? 선생님은 아이들의 의견을 존중해주시니? 수업에서 모르는 게 생기면 어떻게 하니?" 물어야 하고, 교육부는 학교와 학부모가 진짜 원하는 게 무엇인지 성의를 갖고 경청해야 한다. 성과에 매달리지 말고. 제발.

방과후 아동지도사 교재에는 이런 말이 나온다. '방과후 아동지도시설은 아동이 학교에서 집으로 가기 전 오후에 일정 시간 머무는 정거장이자 베이스캠프다.'●●

방과후 학교는 교실에서 어려운 일을 겪는 아이들을 응원하고 지지하는 베이스캠프가 돼야만 한다고 믿는다. 비록 수업시간에는 성적 때문에 야단맞고 차별받지만 방과후 학교에 가면 두 팔 벌려 맞아주는 선생님이 있고, 배우고 싶은 것을 마음껏 배울 수 있는 베이스캠프 말이다. 밖은 찬바람이 몰아치는 히말라야라 하더라도 베이스캠프 안은 따뜻하고 바람이 없는, 쉴 만한 곳

● 서울시교육청은 지난해 650실 규모로 운영하던 돌봄교실을 올 2월 중 1450실로 확대할 계획이다. 시교육청은 돌봄교실 확대를 위해 지난해 관련 예산(272억원)보다 63% 증가한 446억원을 올해 예산으로 확보했다. 2014. 1. 3. 중앙일보

●● 서영숙, 2012, 방과후 아동지도

방과후 학교는 교실에서 어려운 일을 겪는 아이들을 응원하고 지지하는 베이스캠프가 되어야 한다.

이면 좋겠다. 베이스캠프에서 힘을 비축한 아이들이 더 높은 곳을 목표로 힘차게 전진하도록 말이다.

아이들에게 방과후 학교가 든든한 베이스캠프가 되도록, 아이들이 문제투성이의 방과후 교실에서 방치되지 않도록, 더 많은 사람들의 더 큰 목소리가 필요하다. 이 부족한 책이 아이들을 위한 목소리를 내는 데 작은 도움이 되기를 간절히 기도한다.

2014년 1월

저자

오랜 시간 인터뷰에 응해주신 가창초등학교 이상근 교장선생님, 이상수 교감선생님, 김진아 교무행정 선생님께 감사드립니다. 좋은 방과후 학교를 만들기 위한 선생님들의 노력은 감동적이었습니다. 책의 내용이 한쪽으로 치우치지 않도록 아낌없는 지원과 조언을 주신 이윤정 선생님, 전순덕 선생님, 임미영 선생님, 손우정 선생님께 다시 한 번 고개 숙여 감사드립니다. 여러분들이 도움이 없었다면 이 책은 세상에 나오지 못했을 거예요. 해맑게 웃으며 인터뷰해준 금오초등학교 김주희, 정수연, 정지연 학생에게도 고마움을 전합니다. 이 외에도 실명을 밝히기를 원치 않았으나 오랜 시간 인터뷰에 응해주신 선생님들과 학부모님들께 깊은 감사의 인사를 드립니다. 여러분들의 노력이 더 좋은 방과후 학교를 만드는 주춧돌이 되리라 믿어 의심치 않습니다. 저를 선택해주시고 믿어주신 사과나무 권정자 대표님, 하늘에서 저를 응원해주고 계신 엄마, 우리의 히어로 아빠, 늘 든든한 지원이 되어주는 가족들, 사랑합니다.

| 참고문헌 |

이정섭, 2013 〈방과후학교 민간위탁 활성화 방안 연구〉, 한국교원대학교

박종원, 2009, 〈방과후학교에 대한 교사 인식 연구〉, 한국교원대학교

신소영, 2009, 〈초등학교 방과후 교육활동의 교육적 의의와 운영 실태 조사 연구〉, 숙명여자대학교

마현주, 2012, 〈방과후학교 강사의 직무 중요도와 난이도 인식〉, 전북대학교

이은화, 2010, 〈초등학교 방과후학교 운영 및 개선방안에 대한 강사의 인식 연구〉, 건국대학교

김경미, 2009, 〈방과후학교 교육활동 만족도에 대한 교육 수요자의 인식 분석〉, 울산대학교

이선경, 2012, 〈성공적인 방과후학교의 활성화 요인 분석〉, 한국교원대학교

박병선, 2009, 〈방과후학교 운영의 활성화 방안에 관한 연구〉, 전남대학교

임경선, 2009, 〈방과후학교의 경제적 성과분석 및 개선 방안〉, 서강대학교

김새롬, 2010, 〈이명박 정부의 교육개혁정책에 대한 초등교사와 학부모의 인식〉, 경인교육대학교

김종숙, 2006, 〈방과후학교에 대한 학교 구성원의 인식 조사연구〉, 연세대학교

신명희, 2008, 〈논산어촌 방과후학교에 대한 참여자 인식 조사연구〉, 한국교원대학교

박진수, 2011, 〈초등학교 방과후학교 운영실태와 개선방안〉, 인천대학교

장민, 2009, 〈초등학교 방과후학교 운영에 대한 교사의 인식연구〉, 공주교육대학교

한소희, 2009, 〈아동의 다중지능 프로파일에 따른 초등학교 방과후학교 프로그램 선택성향 및 만족도 분석〉, 건국대학교

정우연, 2012, 〈다중지능이 자기주도 학습에 미치는 영향 연구〉, 한성대학교

진성옥, 2011, 〈자기 주도 학습능력에 따른 문제중심학습이 학업성취에 미치는 효과〉, 한국교원대학교

김혜현, 2000, 〈초등영어교육에서 다중지능이론의 적용 가능성 탐색〉

심우협, 1997, 〈다중지능이론과 학교교육의 개선에 관한 연구〉

데이비드 엘킨드, 2008, 《기다리는 부모가 큰 아이를 만든다》, 한스미디어

데이비드 엘킨드, 2008, 《놀이의 힘》, 한스미디어

엄기호, 2013, 《교사도 학교가 두렵다》, 따비

하워드 가드너, 2001, 《다중지능 인간지능의 새로운 이해》, 김영사

하워드 가드너, 2007, 《다중지능》, 웅진지식하우스

박효정, 2011, 《학원 끊고 사교육 없는 우리아이 1등 공부법》, 행복한미래

마셜B 로젠버그, 2011, 《비폭력대화》, 한국NVC센터

서영숙 외, 2010, 《방과후 아동지도》, 양서원

〈방과후 학교 대상사례집〉, 2010~12, 교육과학기술부

〈방과후 학교 길라잡이〉, 2012, 서울시교육청